KLARTEXT

Unser NRW

Reiseführer
zu Kultur- und Naturdenkmälern
in Nordrhein-Westfalen

Ruhrgebiet

IMPRESSUM

1. Auflage September 2011

Konzept: Martina Grote
Redaktion: Winfried Raffel (Leitung), Bettina Schneider, Anica Bömke
Texte: Dr. Ralf J. Günther, Manuel Heßling, Hans-Joachim Pagel,
Cyrano Kommunikation, Münster
Satz und Layout: Achim Nöllenheidt
Titelfotos: Bernd Hegert (Burg Vondern, Oberhausen / Schaustellermuseum, Essen),
Torsten Janfeld (Erin, Castrop-Rauxel), Biologische Station Östliches Ruhrgebiet
Umschlaggestaltung: Volker Pecher, Essen
Druck und Bindung: Griebsch & Rochol Druck, Hamm

ISBN 978-3-8375-0623-5
www.klartext-verlag.de

INHALT

IM NORDEN: ZWISCHEN BERGBAU UND LIPPEAUE

DORTMUND: DAS GANZE RUHRGEBIET IN EINER STADT

IM OSTEN UND SÜDEN: RÖMER, BURGEN UND BERGE

ANHANG

HALLO KINDER!

Ich bin Nicki Nuss, das Maskottchen der NRW-Stiftung. Ich bin wohl das einzige Eichhörnchen, das gerne reist. Meine Artgenossen bleiben eigentlich lieber zuhause an einem festen Platz im Wald. Zusammen mit meinen Freunden Nina und Klaus, dem Frosch, reise ich im Auftrag der Nordrhein-Westfalen-Stiftung durch ganz NRW. Wir besuchen Schlösser und Burgen, erkunden dunkle Höhlen und durchstreifen tiefe Wälder. Auf meiner Internetseite www.nrw-entdecken.de könnt ihr uns auf dem Streifzug durch Nordrhein-Westfalen begleiten. Ihr werdet sehen, es ist ganz schön spannend hier. Zu allen Ausflügen im Buch, bei denen ihr mich entdeckt, könnt ihr euch Rätselfragen, Rallyes oder Bastel-Tipps von meiner Internetseite herunterladen. Natürlich erfahrt ihr auch, was Nina, Klaus und ich schon alles erlebt haben. Außerdem findet ihr auf www.nrw-entdecken.de Videos, Spiele und Experimente mit Schritt-für-Schritt-Anleitung. So wird euer Ausflug doppelt spannend.

Viel Spaß beim Entdecken!

Nicki Nuss

LIEBE LESERINNEN, LIEBE LESER

Zeche Zollverein in Essen, die Sternwarte in Bochum, der Landschaftspark Duisburg-Nord – diese Ausflugsziele sind den meisten Menschen im Ruhrgebiet und auch vielen Besuchern bekannt. Aber kennen Sie auch das Dortmunder Hoesch-Museum, in dem 160 Jahre Stahlgeschichte heute wieder lebendig werden? Und wussten Sie, dass in der Rohrmeisterei Schwerte aus einem ehemaligen Pumpwerk heute ein beliebter Platz für Kunst, Kultur und Kulinarisches geworden ist?
Manche in diesem Band beschriebenen Museen stehen den Besuchern täglich offen, andere haben nur am Wochenende oder nach telefonischer Anmeldung geöffnet. Die in diesem Reiseführer beschriebenen Ausflugsziele haben aber eines gemeinsam: Es sind Natur- und Kulturprojekte der Nordrhein-Westfalen-Stiftung Naturschutz, Heimat- und Kulturpflege. Seit 1986 unterstützt sie landesweit ehrenamtliche Vereine und gemeinnützige Einrichtungen, die sich mit Herz und Hingabe für die Naturschönheiten und Kulturschätze des Landes einsetzen. Es lohnt sich, vor der eigenen Haustür, aber auch in den anderen Regionen dieses schönen Landes einmal nachzuspüren, was mithilfe der NRW-Stiftung und ihrer Partner auf den Weg gebracht werden konnte. Gerne können Sie auch ganz persönlich „schützen, was Sie lieben", als Mitglied im Förderverein der NRW-Stiftung.
Der Band Ruhrgebiet ist Teil einer achtbändigen Buchreihe, die zum 25. Geburtstag der NRW-Stiftung erschienen ist. Wer die vielen spannenden Facetten aus allen Regionen unserer Heimat Nordrhein-Westfalen entdecken möchte, der sollte sich auch die anderen Bände nicht entgehen lassen.

Ihre NRW-Stiftung

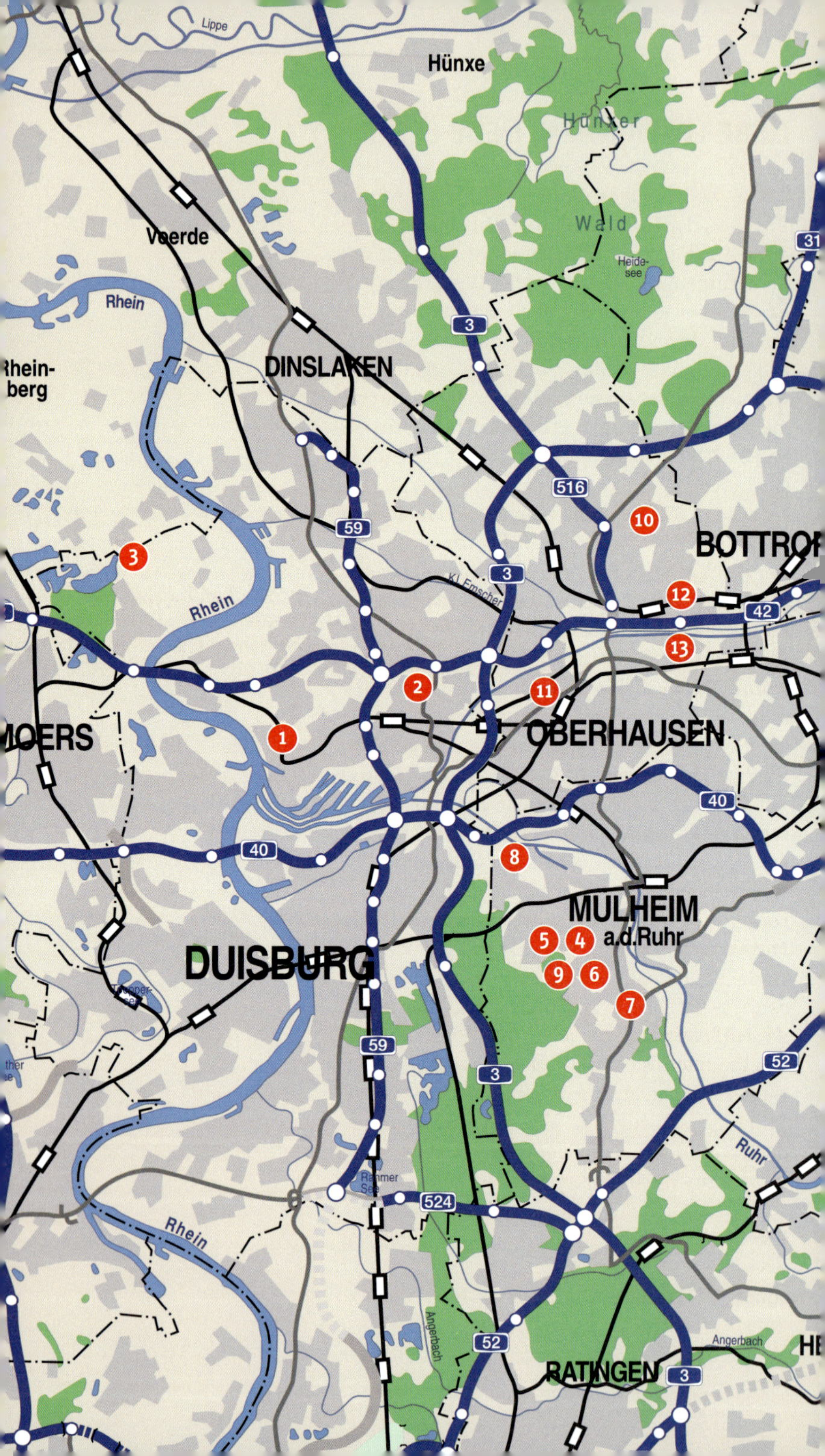
Lippe
Hünxe
Hünxer
Wald
Heide-
see
Voerde
Rhein
Rhein-
berg
DINSLAKEN
BOTTROP
Kl. Emscher
Rhein
MOERS
OBERHAUSEN
DUISBURG
MÜLHEIM
a.d.Ruhr
Ruhr
Rhein
Angerbach
Angerbach
RATINGEN
1
2
3
4
5
6
7
8
9
10
11
12
13
3
31
516
59
42
40
52
524

IM WESTEN

DAS RUHRGEBIET AM RHEIN

Der Westen des Ruhrgebiets ist vom Rhein geprägt. Von Düsseldorf aus flussabwärts erreicht der Strom bei Duisburg das Revier und verlässt es erst wieder hinter der Bislicher Insel im Kreis Wesel, schon nah der niederländischen Grenze. Die bedeutendste Stadt des westlichen Ruhrgebiets ist Duisburg. Die Stadt an der Ruhrmündung entwickelte sich schon im Mittelalter zu einem Handelszentrum und ist es bis heute geblieben. Der Duisburger Hafen ist nach wie vor der größte Binnenhafen Europas – und damit der wichtigste Arbeitgeber der Stadt und ein bedeutender Wachstumsmotor. Die Logistikbranche boomt in Duisburg, und die Hafen- und Lagerflächen wachsen noch immer. Die alten Teile des Hafens konnten da nicht mithalten, waren sie doch nicht für das Be- und Entladen moderner Contai-

Bild oben: Abendstimmung im Duisburger Hafen.

Oberhausens „Neue Mitte“ mit dem Gasometer und dem Einkaufs- und Vergnügungszentrum CentrO.

nerschiffe ausgelegt. Mittlerweile hat sich dort aber neue Geschäftigkeit entfaltet. Der Innenhafen Duisburgs ist zu einem beliebten Wohn- und Arbeitsquartier geworden. Hier am Wasser präsentiert sich die alte Industrie- und Hafenstadt längst als modernes Dienstleistungszentrum.
Nicht weit vom Innenhafen entfernt liegt Ruhrort, die spätestens seit dem „Tatort“ mit Kommissar Schimanski bekannteste Hafengegend Duisburgs. Von der Tristesse der frühen Achtziger ist in diesem Quartier nicht mehr viel zu spüren. Hier hat Haniel seinen Sitz, der Konzern, der über seine Beteiligung an der Metro-Gruppe unter anderem auch Teilhaber von Kaufhof und Media-Markt ist. Dass sich der Stadtteil zu einem kleinen Schmuckkästchen entwickelt hat, ist nicht zuletzt Haniel zu verdanken, wo viel Geld in die Hand genommen wurde, um Ruhrort zu verschönern.
Einen faszinierenden Einblick in die Technik-, Wirtschafts- und Sozialgeschichte der Binnenschifffahrt erhält der Besucher des Museums der Deutschen Binnenschifffahrt, das nicht zufällig in Ruhrort beheimatet ist. In einem historischen Hallenbad direkt am Rhein und in den warmen Jahreszeiten auch auf mehreren Museumsschiffen bietet das Museum ein vielfältiges Programm für alle Altersgruppen.
Doch Duisburg ist weit mehr als eine Stadt mit großem Binnenhafen und ein modernes Dienst-

Eine der herausragenden Kunststätten des Ruhrgebiets: das LehmbruckMuseum in Duisburg. Hier die Skulptur „Die Knieende“ von Wilhelm Lehmbruck.

leistungszentrum. Duisburg war und ist auch heute noch eine bedeutende Stahlstadt. In der Stahlkrise der 1970er und 1980er Jahre musste zwar mancher Standort aufgegeben werden, aber noch heute bestimmen Hochöfen Duisburgs Skyline, und sie gehören zu den modernsten der Welt. Wo aber das umkämpfte und legendäre Stahlwerk Rheinhausen stand, da haben sich längst Logistikunternehmen angesiedelt; und wo sich früher einmal die Hochöfen der Rheinischen Hüttenwerke zu Meiderich bei Ruhrort erhoben, da findet man heute den Landschaftspark Duisburg Nord, wohl einen der vielseitigsten Orte der Industriekultur. Hier begegnet man einer bunten Vielfalt reizvoller Attraktionen: große Hallen, die mit einem breiten Spektrum an Veranstaltungen werben; ein mit Wasser gefüllter Gasometer, der zu Tauchgängen einlädt; Kletterwände; Besichtigungstouren aufs Dach eines Hochofens; aber auch die Möglichkeit zu ausgedehnten Spaziergängen durch eine Natur, die dabei ist, sich das alte Industrieareal wieder zu erobern.

Aber der Westen des Ruhrgebiets empfiehlt sich auch für jene historisch Interessierten, die in der Geschichte weiter zurückreisen wollen als bis in die Hochzeit der Industrialisierung im 19. Jahrhundert. Die Geschichte der Region, bevor sie das Ruhrgebiet wurde, die Geschichte von Rittern und Festungsbauten kann man in der Burg Vondern nacherleben. Kloster Saarn in Mülheim lädt dazu ein, sich das Leben der Nonnen im Mittelalter zu vergegenwärtigen. Und die St. Antony-Hütte in Oberhausen, die erst vor wenigen Jahren im Rahmen von Ausgrabungen der Öffentlichkeit zugänglich gemacht wurde, bietet zugleich Einblicke in die Anfänge der Industrialisierung des Ruhrgebiets und in die Arbeitsweise der modernen Archäologie.

Das Aquarius Wassermuseum in Mülheim an der Ruhr.

Das westliche Ruhrgebiet besticht durch seinen Abwechslungsreichtum. Die weite Landschaft des Niederrheins wechselt ab mit modernen Zentren, die Ruhr, alte Burgen und große Waldflächen kontrastieren mit den immer wieder beeindruckenden Zeugnissen der Industriekultur.

1 MUSEUM DER DEUTSCHEN BINNENSCHIFFFAHRT

Es ist noch gar nicht lange her, da konnte man hier baden gehen, schicklich getrennt nach Damen und Herren: Das von einer prächtigen Jugendstilfassade gezierte Gebäude barg das Ruhrorter Hallenbad. 1985 wurde es geschlossen und im Rahmen der Internationalen Bauausstellung (IBA) Emscher Park restauriert und mit Hilfe der NRW-Stiftung zu einem Museum umgewandelt: dem Museum der Deutschen Binnenschifffahrt. 1998 wurde es eröffnet. Eine sinnvolle Umnutzung, hat doch Duisburg den größten Binnenhafen Europas, dem ein derartiges Museum gut ansteht. Binnen weniger Jahre wurde es zu einem beliebten Ausflugsziel für Jung und Alt, die hier auf Entdeckungsreise in die Geschichte der Binnenschifffahrt gehen können.

Wertvolle historische Schiffsmodelle, Gegenstände und Fotos aus dem Alltag am Fluss sind ebenso zu sehen wie das Werkzeug der Segelmacher oder das Modell einer typischen Werft für Flussschiffe. Für Kinder ist die Ausstellung ein idealer Ort, um die Phantasie schweifen zu lassen, bevor es mit der ganzen Familie vielleicht auf Hafenrundfahrt geht.

Als Maskottchen werben „Jonas & Fips“, ein pfiffiger Schiffsjunge und sein Hund, um die Gunst und Aufmerksamkeit der Kinder. Sie begleiten das Ausstellungsprogramm, das neben Binnen-

Informationen
Museum der Deutschen Binnenschifffahrt
Apostelstr. 84
47119 Duisburg
Tel. 0203 / 80 88 940
www.binnenschifffahrts-museum.de

Öffnungszeiten:
Di-So 10-17 Uhr,
sonntags um 15 Uhr kostenlose Führungen durch die Ausstellung

Kinder
- Museumsquiz mit Binnenschiffer-Diplom, Wasserspielplatz, Kinderzeit-Theater für Kindertageseinrichtungen, Kinderführung „Schiff ahoi“

www.nrw-entdecken.de

Die NRW-Stiftung hat den Duisburger Förderverein Schifffahrtsmuseum bei der Einrichtung des Museums unterstützt.

Ehrwürdiges Gemäuer: das ehemalige Ruhrorter Hallenbad.

Im Museum wird die Geschichte der Binnenschifffahrt anschaulich erzählt.

schiffer-Diplom, Wasserspielplatz und Spielecke und anderem auch Führungen für Kinder bietet. Gleich mehrere Schiffe sind hier für immer vor Anker gegangen. Neben dem historischen Lastensegler „Tjalk“, der unter vollen Segeln im ehemaligen Herrenbad liegt, ist die „Bibo 2“ ein weiteres Schmuckstück der Ausstellung. Das wahrscheinlich älteste Bilge-Entölschiff der Welt, das seit den 1950er Jahren verschmutztes Wasser anderer Binnenschiffe einsammelte, hat im Innenhof des Museums festgemacht.
Darüber hinaus bietet die Ausstellung im Herrenbad eine geschichtliche Übersicht von prähistorischen Wasserfahrzeugen über Segelschiffe und Dampfmaschinen bis zu modernen Schubschiffen. Im Untergeschoss ist der Laderaum eines alten Schiffes nachgebaut, Waren und Werkzeuge erzählen vom Handel auf dem Wasser im

Im ehemaligen Herrenbad steht die „Tjalk“, ein Lastensegler von 1913.

Wandel der Zeiten. Auf dem Grund des ehemaligen Schwimmbassins tauchen die Besucher trockenen Fußes ein in die Unterwasserwelt des Hafenbeckens mit Fischen, allerhand „Fundsachen“ und einem Taucher.
Schwerpunkt im ehemaligen Damenbad ist der Alltag im Leben der Binnenschiffer, der in dem hölzernen Nachbau eines Binnenschiffes lebendig wird: mit der räumlichen Enge und der damit verbundenen Vermischung von Privatleben, Arbeit und Freizeit.
Auch die Schifferkinder, das Schiffer- und anstrengende Hafenarbeiterleben in Ruhrort sowie die Entwicklung der Duisburger und Ruhrorter Häfen im 19. und 20. Jahrhundert kommen als Themen im Museum nicht zu kurz. Zu den Attraktionen des Hauses gehört ein Blick aus dem original nachgebauten Steuerstand, der von der Empore im ehemaligen Damenbad in den Raum hineinragt. Mit Hilfe einer Großfilmprojektion verwandelt sich die gegenüberliegende Wand in eine riesige Flusslandschaft und lässt die Besucher auf diese Weise eine Binnenschifffahrt aus der Perspektive des Schiffsführers erleben.
Etwa zehn Fußminuten vom Museum entfernt liegt mit der „Oscar Huber“ der letzte erhaltene Radschleppdampfer auf dem Rhein vor Anker. Das Museumsschiff, 1922 gebaut, ist ein einzigartiges Kulturdenkmal. Bis in die 1960er Jahre zog das Räderboot pro Fahrt bis zu sieben antriebslose Kähne mit ihren Frachten. Gegen Ende der 1950er Jahre jedoch liefen moderne Schubboote mit Dieselmotoren den Schleppdampfern nach und nach den Rang ab. Die „Oscar Huber“ entging als einziger Radschleppdampfer auf dem Rhein dem traurigen Ende der Verschrottung. Heute liegt sie am Leinpfad an der Schifferbörse vor Anker und kann besichtigt werden – der imposante Maschinenraum ist ebenso zugänglich wie die ehemaligen Mannschafts- und Wohnräume. Direkt an der „Oscar Huber“ liegt der Eimerkettendampfbagger „Minden“.

SEHENSWERT

Hafenrundfahrt
Schiffe lassen sich in Duisburg auch „live“ erkunden – bei einer Hafenrundfahrt. Entweder mit der Weißen Flotte oder mit einem Charterboot von der Schifferbörse in Duisburg-Ruhrort aus.

■ Informationen
Weiße Flotte Duisburg:
Tel. 0203 / 71 39 667
www.wf-duisburg.de
Ruhrorter Personenschifffahrt:
Tel. 0203 / 80 70 677
www.ruhrorter-personenschiffahrt.de

Blick über den illuminierten Landschaftspark Duisburg-Nord.

2 LANDSCHAFTSPARK DUISBURG-NORD

Informationen
Landschaftspark
Duisburg-Nord
Emscherstraße 71
47137 Duisburg
Tel. 0203 / 429 19 19
www.landschaftspark.de

Die NRW-Stiftung hat geholfen, auf dem Gelände eine Ausstellung zur „Geschichte des Hüttenbetriebs Meiderich“ einzurichten.

Einst wurde hier Roheisen produziert. Im Jahr 1903 nahm das von August Thyssen erbaute Eisen-Hüttenwerk in Duisburg-Meiderich seinen Betrieb auf. In zunächst drei, später fünf Hochöfen wurden hier bis 1985 rund 57 Millionen Tonnen Roheisen gewonnen, das dann zumeist in den Stahlwerken Thyssens weiter verarbeitet wurde. Dem machte die große Stahlkrise ein Ende: Im April 1985 wurde das Hüttenwerk geschlossen. Zurück blieb eine riesige Industriebrache, der allmähliche Verfall oder der Abriss drohte. Doch engagierte Bürger setzten sich dafür ein, das Werk als Zeugnis der Industriekultur des Ruhrgebiets zu erhalten. Heute ist das Hüttenwerk, in dem zu Hochzeiten in den 1950er und 1960er Jahren über 1.000 Menschen arbeiteten, das Kernstück des rund 200 Hektar großen Landschaftsparks Duisburg-Nord.

Er entstand von 1990 bis 1999 als Projekt der Internationalen Bauausstellung IBA Emscher Park. Mit einem Park im herkömmlichen Sinne hat er nur wenig zu tun: Die Industriebauten des Hüttenwerks wurden zu Freizeiteinrichtungen und Spielstätten der Kultur umfunktioniert. Verwilderte Grünflächen wurden zu Biotopen, die Lebensraum für zahlreiche Tier- und Pflanzenarten bieten. Im alten Gasometer des Werks entstand Europas größtes künstliches Tauchbecken, in Erzlagerbunkern wurden alpine Klettergärten eingerichtet, die ehemalige Gießhalle lässt sich auf einem Hochseilparcours erkunden. Ein industriegeschichtlicher Rundweg informiert über Geschichte und Gegenwart des Werkes, das Gelände kann zu Fuß oder mit dem Fahrrad erkundet werden. Besonders stimmungsvoll sind die nächtlichen Fackelführungen durch die Anlage. Vom ehemaligen Hochofen 5, der zum begehbaren Aussichtsturm umfunktioniert wurde, bietet sich ein imposanter Blick über das Ruhrgebiet. Nachts tauchen die Illuminationen des britischen Künstlers Jonathan Park die Anlage in magisches Licht. Für das internatio-

Täglich werden Führungen über das Gelände angeboten.

nal bedeutende Kulturfestival „RuhrTriennale“ wurde die Gebläsehalle, in der früher der für das Schmelzen des Eisenerzes benötigte Hochofenwind erzeugt wurde, zu einem Schauspielhaus mit fester Bühne und Platz für 500 Besucher ausgebaut. Hier finden Konzerte, Theater- und Tanzveranstaltungen, aber auch Filmpremieren oder Feiern statt. Die ehemalige Gießhalle, die mit einer Tribüne und ausfahrbarem Dach ausgestattet wurde, ist Schauplatz von Konzerten, Theater und Open-Air-Kino.

Der zum Landschaftspark gehörende Ingenhammshof erinnert dagegen an die bäuerliche Vergangenheit des Duisburger Nordens. Der Hof, der schon im 17. Jahrhundert erwähnt wird und ab 1903 die werkseigenen Geschäfte der Firma Thyssen mit Lebensmitteln versorgte, wurde zum Lehr- und Lernbauernhof umgestaltet, auf dem Schülerinnen und Schüler ein Jahr lang die Grundzüge ökologischen Ackerbaus und artgerechter Viehhaltung kennen lernen können.

Das Hauptschalthaus mit seinem stimmungsvollen Ambiente hält heute gastronomische Angebote bereit.

3 LOHMÜHLE

Informationen
Mühlenverein
Lohmühle e.V.
An der Lohmühle 17
47199 Duisburg-Baerl
Tel. 02844 / 99 0 39
www.muehlenverein-lohmuehle.de

Mit Mitteln der NRW-Stiftung konnte die Kappe der Lohmühle restauriert und das Mahlwerk instand gesetzt werden.

Als die 100 Jahre alte „Cönigliche Wint- und Rossmuhlen" im heutigen Duisburg-Baerl 1832 einem heftigen Sturm zum Opfer fiel, schien auch eine lange Tradition zerstört. Schließlich ist diese Stelle schon seit dem 15. Jahrhundert als Mühlenstandort belegt. Doch weil die Mühle für das Kornmahlen unverzichtbar und die Lage an der wasserreichen „Law", dem heutigen Lohbach, dafür wie geschaffen war, wurde sie bis zum Jahr 1834 wieder aufgebaut.

Der letzte Müller, Johann Hilgenpahl, genannt Möller Jan, kam um 1890 als Müllergeselle auf die Mühle, kaufte sie im Jahre 1902 und nahm einige Umstellungen vor. Nach dem Verlust der Mühlenflügel im Jahre 1916 stellte er den Mahlbetrieb auf Motorkraft um. Als Hilgenpahl 1955 starb, führte seine Tochter Käthe die Familientradition als Müllerin fort – allerdings nur fünf Jahre lang. 1960 kam es endgültig zum Stillstand der Mühlsteine.

Heute steht die Mühle unter Denkmalschutz und soll als sichtbares Stück heimatlicher Kulturgeschichte Zeugnis geben von jenen Tagen, in denen sich noch die Windmühlenflügel drehten. Die nach Holländertypus eingerichtete Mühle steht auf einem Terp, einem Hügel. Sie ist ein viergeschossiger unverputzter Backsteinbau, den voraussichtlich ab 2013 wieder die eine ty-

Bild rechts:
Dieses Bild von der Lohmühle entstand etwa Mitte des 19. Jahrhunderts.

Bild unten:
Käthe, die Tochter des letzten Müllers Johann Hilgenpahl.

pische, holzverschindelte Haube mit dem Windflügelkreuz bekrönen wird.
Die Mahltechnik ist bis heute fast vollständig erhalten – auch dank einer umfassenden Restaurierung in den Jahren 1974/75 durch den Mühlenverein. Diese Flügel will der Mühlenverein Lohmühle wieder zum Drehen, die Mühle wieder zum Mahlen bringen. Finanzielle Unterstützung gab es von der Nordrhein-Westfalen-Stiftung.

Die restaurierte Mühlenkappe konnte im Juni 2011 aufgesetzt werden.

4 SCHLOSS BROICH

Informationen
Historisches Museum im Schloss Broich
Am Schloß Broich
45468 Mülheim an der Ruhr

Geschichtsverein Mülheim an der Ruhr c/o Stadtarchiv Mülheim an der Ruhr
Aktienstraße 85
45473 Mülheim an der Ruhr
Tel. 0208 / 45 54 260
geschichtsverein@stadt-mh.de

Öffnungszeiten:
Sa/So 11–17 Uhr, Führungen: 1. So im Monat 16 Uhr, Gruppenführungen nach Anmeldung

In den 1960er Jahren beauftragte der Landschaftsverband Rheinland den Kunsthistoriker Professor Günther Binding mit Ausgrabungen rund um das Schloss Broich in Mülheim und mit dessen Restaurierung. Es war lange bekannt, dass an dieser Stelle viele Jahrhunderte deutscher Geschichte ihre Spuren hinterlassen hatten. Doch als Binding und seine Mitarbeiter unter einer bis zu sechs Meter hohen Schicht aus Schutt die Reste einer militärischen Befestigungsanlage freilegten, hatten sie die älteste erhaltene Burganlage aus spätkarolingischer Zeit nördlich der Alpen entdeckt – eine archäologische Sensation!
Vermutlich war diese Anlage von dem ostfränkischen Herzog Heinrich errichtet worden, um mit seiner hier versammelten Streitmacht die Normannen davon abzubringen, nach Duisburg auch die Klöster in Essen und Werden zu erobern. Nach deren Vertreibung 884 hatte der Wehrbau seinen Zweck erfüllt und wurde aufgegeben.
Im 11. Jahrhundert setzten Edelherren von jenseits des Rheins, von denen sie auch ihren heutigen Na-

men erhielt, die Burg wieder instand und bauten sie aus. Bis zum Ende des 12. Jahrhunderts wurde die Burg Broich in mehreren Um- und Neubauten zu einer kaum einnehmbaren Festung verstärkt. Erst 1443 gelang es einem 22.000 Mann starken Heer des Kölner Erzbischofs und seiner Verbündeten erstmals, die Burg einzunehmen. Nachdem sie von den Spaniern 1598 fast völlig zerstört worden war, wurde sie gegen Ende des Dreißigjährigen Krieges wieder zu einer repräsentativen Residenz ausgebaut. Aufstieg und Niedergang der adligen Herren bestimmte in den folgenden Jahrhunderten das Schicksal von Broich: Zerstörungen, Umbauten, Wiederaufbau, Abriss und Neubau wechselten einander ab. Nach dem Tod ihres letzten adligen Besitzers 1830 verfiel sie zusehends. Nach den Ausgrabungen und Instandsetzungen durch Profesor Binding wurde Schloss Broich, dessen Eigentümer seit 1938 die Stadt Mülheim an der Ruhr ist, 1975 feierlich wiedereröffnet. Seither werden seine repräsentativen Säle für Empfänge, private Feiern und Eheschließungen genutzt. Zudem beherbergt das Schloss das Historische Museum des Mülheimer Geschichtsvereins.

■ Die NRW-Stiftung hat den Geschichtsverein Mühlheim an der Ruhr bei der Einrichtung einer Ausstellung in Schloss Broich unterstützt.

Schloss Broich.

5 ALTE DREHEREI

Informationen
Alte Dreherei
Am Schloss Broich 50
45479 Mülheim an der Ruhr
www.alte-dreherei.de

Die NRW-Stiftung half die Alte Dreherei zu restaurieren und förderte die Umnutzung als „Haus der Vereine".

85 Jahre lang, von 1874 bis 1959, war die Alte Dreherei das Herz des Eisenbahnausbesserungswerkes in Mülheim-Speldorf, zu dem auch der Ringlokschuppen gehörte. Noch in den 1950er Jahren wurden hier jährlich mehr als tausend Dampflokomotiven von 2.000 Arbeitern gewartet. Mit dem Ende des Dampflok-Zeitalters kam dann auch das Aus für die Alte Dreherei. Die dreischiffige Halle mit einer Fläche von fast 2.500 Quadratmetern und der in ihrer ursprünglichen Form erhaltenen, in Deutschland einzigartigen Holzdachkonstruktion war überflüssig geworden.

Lange Zeit war nicht klar, was mit diesem industriehistorischen Kleinod geschehen sollte. Ab 1991 stand die aus Backstein errichtete Jugendstilhalle immerhin unter Denkmalschutz, zurzeit wird sie saniert. Der Trägerverein „Haus der Vereine in der Alten Dreherei e. V." kümmert sich darum, Spenden aufzubringen. Aus der

Youngtimertreffen mit Opel Kadett.

Lokomotiven werden hier schon lange nicht mehr gewartet.

Alten Dreherei soll ein Haus der Vereine werden, ein Zentrum für alle Ehrenamtlichen aus Mülheim, Treffpunkt und Weiterbildungsstätte zugleich. Auch wenn die Instandsetzungsarbeiten noch längst nicht beendet sind, ist die Alte Dreherei doch schon zu einem beliebten Treffpunkt für alle Mülheimer geworden: Trödelmärkte, eine historische Kirmes, Modellbau-Präsentationen sowie Old- und Youngtimer-Treffen locken regelmäßig Besucherscharen auf das Gelände.

Aus dem Eisenbahnwerk ist ein Treffpunkt für Mülheimer Vereine geworden.

6 LEHRPFAD MÜLHEIMER BODENSCHÄTZE

Informationen
Entdeckertouren:
www.muelheim-ruhr.de/cms/entdeckertouren.html
Übersichtskarte:
www.muelheim-ruhr.de/cms/uebersichtskarte.html

Die NRW-Stiftung hat geholfen den Lehrpfad Mühlheimer Bodenschätze mit insgesamt elf Stationen anzulegen.

Boden? Das ist für viele Menschen zunächst einmal der Dreck, der an den Schuhsohlen klebt. Noch etwas? Doch, ja! Böden sind Biotop für ungezählte Organismen. Sie speichern Wasser, Humus und Mineralstoffe, sind Wurzelraum für Pflanzen und bilden damit die Grundlage unserer Ernährung. Als begrenzte Ressource brauchen Böden Schutz, ähnlich wie bedrohte Tiere und Pflanzen. In der Stadt Mülheim haben Fachleute deshalb ausgewählte Böden auf Augenhöhe gebracht. Ein moderner Lehrpfad vermittelt Einsichten in eine faszinierende Welt und schafft eine neue Wertschätzung für das Naturgut, das wir mit Füßen treten.
Unsere Vorfahren waren sicher geübtere Bodenkundler als wir. Am natürlichen Pflanzenwuchs und an der Art, wie eine Hand voll Erde an den Fingern haftete, konnten sie abschätzen, ob ein Boden gut zu pflügen war, was man darauf am besten anbauen konnte oder ob er bei Dauerregen absoff. Wir müssen erst wieder lernen, einen Boden zu lesen.
Damit uns das gelingt, haben bei der Herstellung der am Lehrpfad gezeigten Bodenaufschlüsse Pädagogen und Pedologen (Bodenkundler) zusammengearbeitet. Die insgesamt elf Stationen erklären authentische Bodenprofile oder vermitteln sinnlich die Entstehung, Funktionen und den Schutz von Böden. Wer begreifen möchte, weshalb Waldboden nach Waldboden riecht, was Bodenfarben und Korngrößen aussagen und wie tief Wurzeln und Wurmgänge reichen, kann es hier lernen. Man erfährt auch, welches Ausgangsgestein welchen Boden her-

Die Erde entdecken.

vorbringt, ob er einmal als Acker genutzt wurde oder ob er Spuren einer früheren Besiedlung enthält. Wer die Mülheimer Bodenschätze besucht hat, für den sind Verdichtung, Stauhorizont und Pflugsohle kein wissenschaftlicher Bodennebel mehr, sondern anschauliche Begriffe, die Ordnung in die Unterwelt bringen.
Statt wie auf einem Prozessionsweg hintereinander gereiht, ist ein guter Teil der Stationen an Stellen in der Stadt platziert, wo man sie nicht erwartet, wo aber viele Menschen vorbeikommen. Wer etwa das Parkhaus an der Schlossbrücke verlässt, steht beim Ausgang den „Säulen

Wissenswertes auch im Untergrund.

Wer dem Bodenpfad folgt, entdeckt auch Mülheim neu.

von Mülheim“ gegenüber, die ihm eindringlich zeigen, wie schnell die Zerstörung der Böden in den Ballungsräumen fortschreitet. Und Spaziergänger, die sich auf der Mendener Höhe zum Ausruhen auf eine Parkbank setzen, bekommen aus einem kleinen Lautsprecher den einen oder anderen denkwürdigen „Bodensatz“ zugeflüstert.

Die Diplom-Geologin Ulrike Marx, die das Projekt mit entwickelte, möchte die „Bodenschätze“ als Angebot verstanden wissen. „Jedes Kind weiß heute um die Bedeutung von reiner Luft, sauberem Wasser und hoher Artenvielfalt. Aber dass gesunde Böden eine mindestens ebenso wichtige Lebensgrundlage sind, ist den wenigsten klar.“

Gerade die Großstadtböden sind oft großflächig versiegelt, durch industrielle Ablagerungen verschüttet oder durch giftige Altlasten gefährdet. Den verschwenderischen Umgang fortzusetzen wäre tatsächlich bodenloser Leichtsinn. Kleine Kinder wissen genau, warum: „Wenn es keinen Boden mehr gibt, würden wir ja in die Erde fallen!“

7 KLOSTER SAARN

Knapp 800 Jahre Geschichte hat Kloster Saarn auf dem Buckel – genügend Zeit, um viele Höhen und Tiefen geistlichen wie weltlichen Lebens zu durchwandern. Vom persönlichen Schutz durch den Papst zu verwilderten Sitten und streitenden Nonnen bis zur Umwandlung in eine Gewehrfabrik lassen sich über das 1214 als Aula Sanctae Mariae gegründete Frauenkloster zahllose Geschichten erzählen. Nicht zuletzt dank potenter Förderer wie dem Kölner Erzbischof Engelbert Graf von Berg oder Papst Honorius III. gewann das Kloster rasch an Bekanntheit und Einfluss. Durchgängig papsttreu blieben die Nonnen jedoch nicht. Einige ließen sich von Luthers Lehren beeinflussen, wogegen andere energisch protestierten, was schließlich zu offenem Aufruhr im Kloster führte. Konnte sich die katholische Kirche in Saarn noch der Reformation erwehren, war sie gegen die napoleonischen Truppen und die Säkularisation machtlos: 1808 wurde das Kloster aufgelöst. Die Gebäude wurden in den Folgejahren als Gewehr- und später als Tapetenfabrik genutzt.
Trotz aller Irrungen und Wirrungen ist das Kloster nahezu vollständig erhalten. Über mehrere Jahrzehnte wurden zunächst der Kreuzgang und die Kirche und schließlich die gesamte Anlage einschließlich des Klostergartens von Bausünden der jüngeren Vergangenheit befreit und Schäden behoben, mit dem erfreulichen Ergebnis, dass das

Informationen
Museum Kloster Saarn
Klosterstraße 53
45481 Mülheim an der Ruhr
www.museum-kloster-saarn.de

Öffnungszeiten:
Mi 15-18 Uhr, Sa 15-18 Uhr, So 12-16 Uhr

Kinder
- Museumsführer mit Nachtgespenst Geralda, Erprobung einer Kornmühle, Erlernen gotischer Initialen

Bei der Einrichtung des kleinen Klostermuseums mit zahlreichen historischen Fundstücken wurde der Verein der Freunde und Förderer des Klosters Saarn von der NRW-Stiftung unterstützt.

Kloster Saarn.

Der Innenhof des Klosters.

Kloster, das 1936 von der Stadt Mülheim übernommen worden war, heute wieder voll nutzbar ist.

Auch geistliches Leben hat in der Folge wieder seinen Weg in die Klostermauern gefunden: Die prachtvolle Klosterkirche wird wieder als Pfarrkirche der Gemeinde St. Mariae Himmelfahrt genutzt. In den umliegenden Klostergebäuden befinden sich zudem das Pfarrbüro und die Pfarrwohnung, eine katholische Bücherei und das geistliche Zentrum „Senfkorn“. In anderen Teilen des weitläufigen Anwesens sind Seniorenwohnungen, ein Bürgersaal und eine Cafeteria untergebracht. Für einen kulturellen Schwerpunkt

sorgt zudem seit 1986 der „Freundeskreis Musik im Kloster Saarn" mit seinen Konzertreihen. Besondere Beachtung verdient auch das kleine Klostermuseum, das der „Verein der Freunde und Förderer des Klosters Saarn" 1989 in einem Arm des Kreuzgangs eingerichtet hat. Von der mittelalterlichen Vase über Tafelgeschirr aus dem Barock bis zum Jahrhunderte alten Lederschuh sind hier Fundstücke ausgestellt, die bei den Ausgrabungen und bei der Restaurierung alter verschütteter Brunnen zum Vorschein gekommen sind. Auch ein Modell der Klosteranlage gehört zu den Ausstellungsstücken, die die bewegte Geschichte des Klosters dokumentieren.

8 RAFFELBERGPARK

Informationen
Raffelbergpark
Akazienallee 61
45478 Mülheim an der Ruhr
www.muelheim-ruhr.de/cms/raffelbergpark.html

Theater an der Ruhr
im Raffelbergpark
Tel. 0208/59 90 10
www.theater-an-der-ruhr.de

Kinder
- Märchentheater-Aufführungen, Schultheatertage

Mit Unterstützung der NRW-Stiftung konnten Teile der historischen Treppenanlage wiederhergestellt und die ehemaligen Pergolen im Park rekonstruiert werden.

An der Stadtgrenze zu Duisburg, nahe der Autobahn und direkt an der Ruhr stößt man in Mülheim-Speldorf auf ein kleines Naturparadies: den Raffelbergpark mit seinem alten Baumbestand und seinen terrassierten Gartenanlagen. Vielstimmiges Vogelgezwitscher, prachtvolle Alleen, ein stiller Teich – diese friedliche Stimmung lässt bald jede Hektik vergessen und lädt zum Verweilen ein. Seit einem Jahrhundert dient dieser Ort nun schon den Bürgern der Stadt zur Erholung – ursprünglich als Solbad mit Kurhaus und Kurpark.

Die Entdeckung unterirdischer salz- und mineralienhaltiger Wasserläufe bei der Abteufung eines Schachtes der Zeche Alstaden Mitte des 19. Jahrhunderts führte 1909 zum Bau eines Solbades am Raffelberg. Durch eine 2,5 Kilometer lange Leitung wurde das Wasser – Relikt eines urzeitlichen Meeres – nach Mülheim gepumpt, wo es auf dem ehemaligen Gut Raffelberg der Therapie von Hautkrankheiten und Stoffwechselstörungen, aber auch nervöser Leiden diente. Rund um die Kurgebäude legte Walter Baron von Engelhardt, Gartenamtsdirektor der Stadt Düsseldorf, eine malerische Parkanlage an, die mit ihrer symmetrischen Gestaltung im östlichen und ihrer englisch anmutenden Gartenlandschaft im westlichen Teil den Besucher gleichermaßen beeindruckt. Ein vorhandenes Wasserloch wurde zu einem langgestreckten Teich umgestaltet, zu dem eine breite Steintreppe hinabführt.

Erst recht nach der Einweihung des Kursaals mit 800 Plätzen im Jahr 1911 wurde das Kurgelände zu einem Anziehungspunkt für die ganze Region. Veranstaltungen im großen Saal, die sonntäglichen Kurkonzerte im kleinen Musikpavillon und mehrere Restaurationsbetriebe sorgten über Jahrzehnte für großen Besucherandrang. Sehr bald wurde der Park in der warmen Zeit des Jahres zu einem der beliebtesten Ausflugsziele des Ruhrgebiets.

Treppenanlagen im Kurpark Solbad Raffelberg.

Als 1973 die Zeche Alstaden geschlossen wurde, zeichnete sich auch das Ende des Solbades ab. Die Umstellung des Badebetriebs von natürlicher auf künstliche Sole fand bei den Badegästen keinen Anklang. Auch der Versuch in den 1980er Jahren, mit Natursole aus der Oberhausener Zeche Concordia an die früheren Erfolge anzuknüpfen, konnte den Niedergang nur vorübergehend aufhalten. 1992 wurde der Badebetrieb endgültig eingestellt.

Währenddessen hatte sich die Bürgerinitiative „Verein zur Erhaltung des Parks am Solbad Raffelberg e. V." vehement gegen einen Umbau der Kurgebäude in ein modernes Erlebnisbad gewehrt, dem zahlreiche Bäume hätten weichen müssen. Die Pläne für das Erlebnisbad verschwanden in der Schublade. 1996 wurde das Kurhaus umgebaut, um dem renommierten „Theater an der Ruhr" unter der Leitung von Dr. Roberto Ciulli, das schon seit 1981 gelegentlich dort gespielt hatte, ein dauerhaftes Zuhause zu bieten. 1998 schließlich wurden Park und Teich aufwändig restauriert. Der Raffelbergpark wurde wieder zu einer attraktiven Erholungseinrichtung.

Das Theater an der Ruhr veranstaltet im Raffelbergpark die „Weißen Nächte".

9 LEDER- UND GERBERMUSEUM

Informationen
Leder- und Gerbermuseum
Mülheim an der Ruhr
Düsseldorfer Str. 269
45481 Mülheim an der Ruhr
Tel. 0208/302 10 70
www.leder-und-gerbermuseum.de

Öffnungszeiten:
Mi-So 14-18 Uhr,
Mo/Di geschlossen

Kinder
• Kulturkurse, Geburtstagsfeiern, „Arbeiten mit Leder"

www.nrw-entdecken.de

Die NRW-Stiftung hat geholfen die Einrichtung des Leder- und Gerbermuseums in Mülheim zu finanzieren.

Im Museum ist Anfassen erlaubt.

Die Gerberei – und in der Folge auch das Lederhandwerk – sind eng mit der Geschichte der Stadt Mülheim verbunden. Unter idealen Voraussetzungen beginnt um 1650 die 350-jährige Tradition dieser Handwerke in Mülheim. Denn nahe der Ruhr wachsen besonders dichte Eichenwälder. Die Rinde dieser Bäume liefert den notwendigen Gerbstoff, um tierische Haut zu Leder zu verarbeiten. So erlangte die Stadt bald den Ruf einer Ledermetropole. 1924 wurde in Mülheim an der Ruhr in mehr als 50 Betrieben Leder gegerbt, verarbeitet und vertrieben – heute sind es nur noch zwei.
Um diese große Tradition nicht in Vergessenheit geraten zu lassen und einen bedeutenden Teil des Stadterbes vor dem Verschwinden zu retten, haben im Jahr 2003 engagierte Mülheimer Bürger ein Museum ins Leben gerufen. Im Erdgeschoss der ehemaligen Lederfabrik Abel können große und kleine Besucher auf über 300 Quadratmetern die ganze Vielfalt dieses Materials betrachten – aber auch beschnuppern und ertasten, denn im Leder- und Gerbermuseum in Mülheim an der Ruhr werden alle Sinne angesprochen. Dass Elefanten tatsächlich Dickhäuter sind und wie weich das bearbeitete Rindsleder im Vergleich dazu ist, lässt sich am eindrücklichsten erfahren, wenn man die verschiedenen Lederproben durch die Hände gleiten lässt und befühlt. Ob Helme, Gürtel, Handschuhe oder Autosessel – die Besucher ertasten die Unterschiede in der Materialstruktur und erleben so „hautnah", dass Leder ein lebendiger – und sehr vielseitiger Werkstoff ist: Denn Leder ist nicht gleich Leder. Daher bestimmen seine jeweilige Beschaffenheit und der Verwendungszweck auch, mit welchen Werkzeugen es bearbeitet werden muss.
Die Ausstellung bringt aber auch die Geschichte der Lederproduktion in Erinnerung, von den Anfängen in der Steinzeit bis zu den maschinellen Herstellungstechniken in der Industrie. Hier wird dokumentiert, welch wichtige Rolle das Le-

Schauplatz des Leder- und Gerbermuseums: die alte Fabrik Abel.

Ein Himmel voller Handschuhe.

der im Leben aller Kulturen gespielt hat. Viele Exponate wurden von Mülheimer Bürgern beigesteuert, andere konnten aus dem Nachlass ehemaliger Lederfabriken zusammengetragen werden. Zusätzlich kann sich der Besucher die Geschichte des Handwerks vom Beginn des 20. Jahrhunderts bis heute an den „Hörstationen" erzählen lassen: Hier erfährt er auch einiges über die schwierigen Lebens- und Arbeitsbedingungen früherer Zeiten, etwa von Milzbrand und anderen Krankheiten, mit denen vor allem die Gerber zu kämpfen hatten. Ganz nebenbei lernt er auch, dass der typische Ledergeruch gar nicht vom Leder selbst stammt, sondern erst durch die Gerbstoffe entsteht, mit denen es bearbeitet wird.

10 ST. ANTONY-HÜTTE

„Oberhausen. Wiege der Ruhrindustrie", so verkündet es eine Leuchtschrift in der Nähe des Oberhausener Bahnhofs. Um genauer herauszufinden, was es mit dem ungewöhnlichen Ehrentitel auf sich hat, muss man das Museum „St. Antony-Hütte" im Stadtteil Osterfeld besuchen. Es hat sein Domizil in einem alten Fachwerkgebäude. In unmittelbarer Nähe des Museums überspannt ein Stahlblech-Segel eine archäologische Fundstätte: die Mauerreste der St. Antony-Hütte.
Industriedenkmäler sind vergleichsweise junge Zeugen unserer Kulturgeschichte, man muss sie daher in der Regel nicht ausgraben, sondern eher vor dem Abriss bewahren. So kommt es, dass die archäologische Ausgrabung von St. Antony die erste ihrer Art im ganzen Ruhrgebiet ist. 2006 begannen die Arbeiten, seit Oktober 2010 ist das Gelände öffentlich zugänglich. Unterstützt von hochmodernen Multimediastationen kann man jetzt die Geburt der Ruhrindustrie am Originalschauplatz nachvollziehen. Die historischen Hintergründe erfährt man vorab im Museum, dessen Exponate ein teilweise recht abenteuerliches Geschehen spannend zu erzählen wissen. In ihren ersten Jahren nannte man die Eisenhütte St. Antony noch „Gottes Gnaden". Gegründet wurde sie von Franz Ferdinand Lambert Nicolaus Freiherr von der Wenge zu Enckingmühlen und Dieck, der zwar den größten Teil seines Lebens als Domkapitular und Stiftskanoniker in Münster verbrachte, das wirtschaftliche Potenzial eines Hochofens jedoch durchaus einzuschätzen wusste. Schon 1741 beantragte von der Wenge die Genehmigung, in der Osterfelder Gegend Eisenerz suchen zu dürfen. Seit 1758 ließ er dieses Erz in einem eigenen Hüttenbetrieb verarbeiten. Dieser Hüttenbetrieb war keineswegs der erste auf dem Gebiet des heutigen NRW – schon seit 1729 existierte zum Beispiel die St. Michaelis-Hütte bei Bocholt. Und im gleichen Jahr wie St. Antony nahm auch die Luisenhütte im sauerländischen Wocklum ihre Arbeit auf. Doch es war nun einmal das Montanwesen des Ruhrgebiets, das

Informationen
LVR-Industriemuseum
St. Antony-Hütte
Antoniestraße 32-34
46119 Oberhausen
Tel. 0 22 34 / 99 21-555
www.industriemuseum.lvr.de

Öffnungszeiten
des Museums:
Di-Fr 10-17 Uhr,
Sa/So 11-18 Uhr,
Mo geschlossen

Kinder
- Museumspädagogische Angebote

Die NRW-Stiftung half die industriearchäologische Grabungen auf dem Gelände der ehemaligen Antony-Hütte für Besucher zugänglich zu machen. Dafür finanziert sie unter anderem die Errichtung eines barrierefreien Steges, der durch die Anlage führt, sowie Infotafeln und Medienstationen, die vertiefende Informationen zu unterschiedlichen Themenbereichen bieten.

eine der führenden Industrieregionen der Welt begründen sollte, und die St. Antony-Hütte lieferte dazu die Initialzündung.

Anfangs hatte die Wiege der Ruhrindustrie freilich mit ziemlichen Widrigkeiten zu kämpfen. Der Betrieb, der neben dem Hochofen auch eine Gießerei umfasste, stand manchmal jahrelang still, weil technische Probleme, Engpässe bei der Holzkohleversorgung oder Mängel an den gefertigten Produkten auftraten.

Nach und nach konnten diese Schwierigkeiten überwunden werden, und die gusseisernen Erzeugnisse der Hütte – darunter Küchengeräte, Gewichte, Gitter, aber auch Kanonenkugeln und sonstiger Rüstungsbedarf – begannen sich die Märkte zu erobern. Doch wo Märkte sind, da sind auch Konkurrenten, und die rückten St. Antony schon bald bedenklich auf den Leib.

Die Ausstellungsstücke dokumentieren die Geschichte des Hüttenwesens.

Ein erster Paukenschlag war es, als 1782 ebenfalls am Elpenbach und nur ein paar hundert Meter entfernt die Hütte „Gute Hoffnung“ ihren Betrieb aufnahm. Sie wurde später von der Geschäftsfrau Helene Amalie Krupp übernommen, der Großmutter des berühmten Unternehmers Friedrich Krupp. 1791 kam mit der Hütte „Neu-Essen“ eine weitere Konkurrentin hinzu. Aufgrund der Kleinstaaterei, die damals in Deutschland herrschte, unterstand jedes der drei Werke einem anderen Landesherrn – St. Antony dem Erzbischof von Köln, die „Gute Hoffnung“ dem König von Preußen, Neu-Essen hingegen der Fürstäbtissin von Essen. Alle beäugten misstrauisch die wirtschaftlichen Aktivitäten der anderen und waren ängstlich auf die eigenen Vorteile bedacht.

Dass schließlich sogar scharf geschossen wurde, lag jedoch nicht zuletzt am denkwürdigen Verhalten der Erben von Antony-Gründer Franz von der Wenge. 1788 war er gestorben. 1793 verkauften seine Nachfolger das Eisenwerk – und zwar gleich zweimal, zuerst an die Hütte „Gute Hoffnung“, nur einen Tag später jedoch an Neu-Essen. Kein Wunder, dass beide Parteien aufgebracht versuchten, den Betrieb mit allen Mitteln unter ihre Kontrolle zu bringen. Am 29. Juli 1793 pfiffen dabei Pisto-

lenkugeln über das Werksgelände: Den Neu-Essenern gelang es, die Konkurrenten mit Waffengewalt zu vertreiben. Es folgten Jahre juristischer Auseinandersetzungen und komplizierter Besitzerwechsel, die 1810 in einer Wendung endeten, die man so auch aus der heutigen Wirtschaft kennt: Die einstmals so heftig konkurrierenden Unternehmen entschlossen sich jetzt zur Fusion. Unter dem Namen „Gutehoffnungshütte" entstand aus dieser Fusion im Verlauf des 19. Jahrhunderts ein Weltkonzern, der seinen Aufstieg unter anderem der Produktion von Schienen für das rasant wachsende deutsche Eisenbahnnetz verdankte. St. Antony war noch bis 1877 ein aktiver Teil dieses Konzerns, zuletzt als reine Eisengießerei. Dann wurden die Werksanlagen geschlossen und zum größten Teil abgetragen. Einige Gebäude blieben immerhin als Wohnhäuser erhalten und fielen erst 1969 der Abrissbirne zum Opfer. Übrig war jetzt nur noch das ehemalige Kontorgebäude und Wohnhaus des Hüttenleiters, in dem sich heute das Museum befindet. Die Gutehoffnungshütte, zu deren Entstehung St. Antony einen wichtigen Teil beigesteuert hatte, blieb noch bis 1986 eine eigenständige Firma, bevor sie im Technologiekonzern MAN aufging.

Spektakuläres Dach für eine besondere Ausgrabungsstätte: der industriearchäologische Park.

Im ehemaligen Kontorgebäude und Wohnhaus des Hüttenleiters wurde 2008 das Museum neu eingerichtet.

11 INDUSTRIEMUSEUM ZINKFABRIK ALTENBERG

Informationen

LVR-Industriemuseum
Zinkfabrik Altenberg
Hansastr. 20
46049 Oberhausen
Tel. 02234/9921-555
(kulturinfo rheinland)
www.industriemuseum.lvr.de

Öffnungszeiten:
Di-Fr 10-17 Uhr,
So 11-18 Uhr,
Mo geschlossen

Die NRW-Stiftung förderte den Bau eines Modells der legendären JHH-Lokomotive von 1850. Die JHH-Lokomotive wurde in Oberhausen entwickelt und gilt als „Urahnin" dieser für das Ruhrgebiet so typischen Spezialbahnen.

Wer die über 150 Jahre alte Geschichte der Eisen- und Stahlindustrie im Revier an einem authentischen Produktionsort und anhand einer Vielzahl historischer Ausstellungsstücke nachvollziehen will, dem sei dieses Museum empfohlen, das sich in der Zinkfabrik Altenberg befindet. Diese wurde 1853 auf dem Gebiet der heutigen Stadt Oberhausen errichtet. Als dort 1981 die Produktion eingestellt und nach Essen verlagert wurde, entstand hier nach der Beseitigung aller Umweltlasten einer der sechs Schauplätze des Industriemuseums.

Auf einer Gesamtfläche von 3.500 Quadratmetern erwarten den Besucher beim Rundgang tonnenschwere Maschinen, Stahlwalzen und Schwungräder. Die Produktionsabläufe in der Eisen- und Stahlindustrie lassen sich am Modell der Friedrich-Alfred-Hütte in Duisburg-Rheinhausen sehr genau nachempfinden. Schienenwalzen und historische Schienenstücke machen deutlich, dass es zunächst vor allem die Eisenbahn war, die mit ihrem nie zu stillenden Hunger nach Eisen und Stahl für das ungebremste Wachstum dieser Industrie sorgte. Angesichts eines fast zehn Meter hohen Dampfschmiede-Hammers kann man ermessen, welche Kräfte nötig sind, um ein so hartes Metall wie Stahl zu schmieden. Und was die so bearbeiteten Werk-

In der ehemaligen Zinkfabrik Altenberg wird die Geschichte der Eisen- und Stahlindustrie dokumentiert.

Termindruck
Arbeit im Stehen
Hektik
Genauigkeit
Leistungsdruck
Lärm

Modell der legendären, von der „Hüttengewerkschaft und Handlung Jacobi, Haniel & Huyssen“ (JHH) gebauten Lokomotive.

stücke aushalten, das wird bei einer kraftvollen „Zerreißprobe“ deutlich, wenn eine Original-Amsler-Prüfmaschine von 1914 erst mit einer Zugkraft von 20 Tonnen ein Stück Stahl mit lautem Knall zerspringen lassen kann.
Bereits in den Jahren der Mobilmachung vor den Weltkriegen, erst recht dann in Kriegszeiten war der Staat der wichtigste Kunde für die Schwerindustrie. Welche Bedeutung die Waffenproduktion für die Schwerindustrie an der Ruhr hatte, wird an den zahlreichen ausgestellten Kanonen, Panzerblechen und manch anderem aus Stahl gefertigtem Kriegswerkzeug deutlich. Die Ausstellung beschränkt sich aber nicht darauf, die Produktionsmethoden und ihre beeindruckenden Ergebnisse vorzustellen; auch die Folgen für Mensch und Umwelt, die von dieser Industrie ausgingen, werden mit zeitgenössischen Fotografien, aber auch mittels moderner audiovisueller Präsentationstechniken anschaulich gemacht. Die Stahlarbeit war ein im Wortsinn schweres Tagwerk. Und wenn schon der Arbeitsalltag der heimischen Industriearbeiter gefahrvoll und kraftzehrend war, dann galt dies erst recht für die ebenfalls dokumentierten Lebens- und Arbeitsbedingungen jener ungezählten Zwangsarbeiter, die im Zweiten Weltkrieg ihren

Beitrag zur Aufrechterhaltung der Kriegsproduktion leisten mussten.
Zum Abschluss des Rundgangs wird gezeigt, wie die Industrie in neuerer Zeit mit innovativen Verfahrenstechniken und neuen Produkten, zum Beispiel für die Autoindustrie, an die großen Erfolge der Vergangenheit anzuknüpfen versucht.
Damit auch der Rückweg durch die Ausstellung noch neue Perspektiven bietet, können ihn die Museumsgäste über einen in luftiger Höhe gespannten eisernen Steg antreten. Von hier oben aus erscheinen die schwergewichtigen Exponate wieder in einem anderen Licht – und manches beim ersten Rundgang übersehene Ausstellungsstück, das man erst jetzt bemerkt, lässt beim Besucher vielleicht den Vorsatz reifen, dieses auch durch seine Vielfalt und Fülle überwältigende Museum noch ein weiteres Mal zu besuchen.

Markantes Exponat in der Ausstellung: der Dampfschmiede-Hammer aus der Zeit um 1900.

12 BURG VONDERN

Informationen
Förderkreis Burg Vondern e.V.
Arminstraße 65
46117 Oberhausen
Tel. 0208 / 89 62 97
www.burg-vondern.de

Öffnungszeiten:
Besuchstermine und Führungen durch die Dauerausstellung nur nach Voranmeldung

Mit Unterstützung der NRW-Stiftung konnte die die Remise von Burg Vondern zu einem Veranstaltungs- und Ausstellungsgebäude umgebaut werden.

Burg Vondern liegt nur zwei Kilometer entfernt von Oberhausens „Neuer Mitte“. Wo früher die Schornsteine der Montanindustrie rauchten, bildet heute das moderne „CentrO“ mit Einkaufszentrum, Multiplexkino und Erlebnispark einen weithin bekannten Besuchermagneten. Gleich daneben ragt der 117 Meter hohe Oberhausener Gasometer in den Himmel, von dessen Aussichtsplattform aus man einen fantastischen Blick auf die sich wandelnde Industrielandschaft hat – auf Arbeitersiedlungen, Abraumhalden und Werksgelände, aber auch auf Grünflächen, Museen und spektakuläre Freizeitparks. Inmitten dieses außergewöhnlichen Landschaftspuzzles findet man die Wasserburg Vondern ganz dicht an der Autobahn 42, deren Trasse bei Oberhausen-Osterfeld parallel zum Flüsschen Emscher und zum Rhein-Herne-Kanal verläuft. Der dreifache Riegel aus „Emscherschnellweg“ und kanalisierten Wasserläufen trennt das Burggelände im Süden rigoros von seinem Umland ab. Im Norden übernehmen Eisenbahngleise eine ähnliche Rolle.

Durch ihre Lage im Schlagschatten des Verkehrs geriet die Wasserburg lange Zeit auch ins Abseits der öffentlichen Beachtung, bedauert der Vorsitzende des „Förderkreises Burg Vondern“, Wilhelm Schmitz. Ganz ist diese Schwierigkeit noch immer nicht überwunden, räumt Schmitz ein. Was aber angesichts der Erfolgsgeschichte, auf die der Verein insgesamt zurückblicken kann, nicht allzu schwer wiegt. Die Anfangsprobleme jedenfalls waren weit größer: So wurde Haus Vondern, das sich bis 1937 noch in adligem Besitz befunden hatte, nach dem Zweiten Weltkrieg durch die Stadt Oberhausen übernommen und von ihr zur landwirtschaftlichen Nutzung weiterverpachtet. Diese Zweckentfremdung eines bedeutenden Kulturdenkmals verursachte empfindliche Schäden. Beendet wurde sie erst, als der Förderkreis die alte Anlage 1982 übernahm, um sie – unterstützt von Bund, Land und Stadt – gründlich zu sanieren.

In der Burg grüßt die Sagengestalt des „Grünen Ritters“.

Die mächtige Vorburg entstand um 1520.

Im 12. Jahrhundert hören wir zum ersten Mal von einem Adelsgeschlecht namens „von Vonderen“. Damals herrschte in Deutschland der berühmte Stauferkaiser Friedrich Barbarossa. Doch anders als etwa die staufische Pfalz Kaiserswerth bei Düsseldorf zählte Burg Vondern nicht zu den großen Reichs- oder Königsfesten. Ihre Besitzer standen vielmehr in Diensten der Grafen von Kleve. Sie gehörten damit zu den für das Mittelalter typischen „Dienstmannen“ oder „Ministerialen“, die von ihren Lehnsherren sehr häufig mit Burgen und anderem Besitz ausgestattet wurden. Die genauen Anfänge von Burg Vondern liegen weitgehend im Dunkeln. Eindeutig bezeugt ist sie spätestens im 13. Jahrhundert, doch während ihre Ursprünge vermutlich viel weiter zurückreichen, sind die heute noch vorhandenen Gebäude wesentlich jünger. Das Haupthaus der von verlandeten Wassergräben umgebenen Anlage stammt sogar erst aus der Frühen Neuzeit, etwa aus der Wende vom 17. zum 18. Jahrhundert. Seine Rückwand ist im-

Bild links:
Sie engagieren sich im Förderverein Burg Vondern (v.l.): Walter Passgang, Elmar Oertel, Vereinsvorsitzender Wilhelm Schmitz, Reinhard Lerch und Hagen Hoffmann.

Bild rechts:
Blick in das Trauzimmer.

merhin älter, denn sie war ursprünglich die Vorderfront eines gotischen Vorgängerbaus. Gotik pur bietet aber vor allem die Vorburg. Um 1520 entstand dieser trutzige Bau mit den Schießscharten und den beiden kräftigen Rundtürmen. Er gilt als ein bedeutendes Beispiel für die Verwendung spätgotischer Stilelemente an einem Profanbau, also an einem nichtkirchlichen Gebäude.

Als die Vorburg gebaut wurde, hatte Vondern schon einige Besitzerwechsel hinter sich. Damals saß hier die adlige Familie von Loe, um die sich auch die gern erzählte Sage vom „grünen Ritter" rankt. Es ist die Geschichte einer Jungfrau und ihres Herzallerliebsten – des jungen Dietrichs von Loe. Um seine Angebetete aus einem Zauberschloss zu befreien, in das sie sich aus verzweifelter Liebe verirrt hat, muss Dietrich es mit jenem rätselhaften Ritter in grüner Rüstung aufnehmen, der ihn zwar hart attackiert, ihm aber dennoch unterliegt. Inwieweit die Erzählung Anklänge an reale Konflikte aus der Territorialgeschichte enthält, bleibt dahingestellt.

Heutzutage dient die Burg Vondern in erster Linie als Veranstaltungsort. Man kann sie mieten, um Konzerten, Vorträgen, Seminaren und Kongressen einen stilvollen Rahmen zu verleihen. Auch standesamtliche Trauungen sind hier möglich. Darüber hinaus veranstaltet der Förderverein alljährlich Mittelaltermärkte und Ritterspiele. Nach Absprache gibt es zudem ganz

Bild links:
Das Herrenhaus.

Bild rechts:
Einne Attraktion des Museums ist die Ritterrüstung.

besondere Führungen, bei denen die Teilnehmer unter dem Motto „living history" ins Jahr 1807 versetzt werden: Der Burgverwalter „Hagen vom Lipperfeld" sucht dabei für die nach den Napoleonischen Feldzügen geplünderte und verwaiste Burganlage einen „Käufer" – Anlass genug, um alles auf dem Gelände sehr genau unter die Lupe zu nehmen ...

Nicht zuletzt sind es auch Schulklassen, die sehr häufig die Museumsräume in der Vorburg besuchen. Nahezu alle Funde in den dort aufgestellten Vitrinen wurden direkt vor Ort gemacht – Keramik, Glas und sogar Pfeifen aus unterschiedlichsten Jahrhunderten gehören dazu. Für Erläuterungen stehen die Mitglieder des Förderkreises nach Absprache gerne zur Verfügung. Besonders anschaulich weiß bei solchen Gelegenheiten der „älteste Bewohner" von Haus Vondern zu berichten: Hermann Tschipulla hat in über zwanzig Jahren miterlebt, wie die Burg vor dem Verfall gerettet wurde. Jahrelang hat er von seinem Fenster auf die so genannte alte Remise geblickt, die den Südflügel des Burghofs bildete. Eigentlich ließ sie sich in ihrem letzten Zustand kaum noch als „Bauwerk" bezeichnen, denn es war ein Gerüst aus nackten Stahlträgern, das dazu diente, eine alte Außenmauer statisch abzusichern. Zum Glück hat sich auch dieses Blatt gewendet: Pünktlich zum 25-jährigen Bestehen des Förderkreises im Jahre 2007 konnte mithilfe der NRW-Stiftung endlich wieder ein komplettes Gebäude an die Stelle des Provisoriums treten.

Einst Gutshof, heute Besucherzentrum zum Thema Naturschutz: Haus Ripshorst.

Informationen
Haus Ripshorst
Ripshorster Straße 306
46117 Oberhausen
Tel. 0208 / 8 83 34 83
www.emscherlandschaftspark.de

Öffnungszeiten:
März bis Oktober:
Di-So 10-18 Uhr;
November bis Februar:
Di-So 10-17 Uhr;
Mitte Dezember bis Anfang Januar geschlossen

Die NRW-Stiftung half Haus Ripshorst als Info-Zentrum einzurichten.

13 HAUS RIPSHORST

Haus Ripshorst ist ein Standort mit einer langen Tradition – auch wenn heute wenig an seine bewegte Vergangenheit erinnert. Erstmals erwähnt wurde der Rittersitz Anfang des 14. Jahrhunderts. Die Fläche des einstigen Lehngutes teilen sich Essen, Bottrop und Oberhausen. Das heutige Haus Ripshorst liegt in diesem Grenzgebiet inmitten einer großen Naturfläche, dem Emscher Landschaftspark, auf Oberhausener Areal. In dem nach ökologisch sinnvollen Grundsätzen gebauten Holzhaus, das an die Stelle der früheren Stallungen getreten ist, sind die Landesgeschäftsstelle der Schutzgemeinschaft Deutscher Wald, das Landesbüro der Naturschutzverbände NRW sowie die Oberhausener Natur- und Umweltschutzverbände untergebracht.
Pünktlich zum Kulturhauptstadtjahr 2010 wurde das Informationszentrum modernisiert. Mit multimedialer Präsentationstechnik können sich die Besucher seither noch umfassender und ansprechender über den Emscher Landschaftspark informieren. Beim Betreten der Ausstellung liegt er dem Besucher im Wortsinn „zu Füßen". Mar-

kierte Fußpaare auf Glas leiten zu den fünfzehn bedeutendsten Standorten des Regionalparks. Betritt man sie, kann man auf einer überdimensionalen Luftbildaufnahme detailgenau sehen, wo man sich gerade befindet.
Die Entwicklung des Emscher Landschaftsparks in Vergangenheit und Gegenwart, aber auch die Pläne für die Zukunft werden an drei weiteren audio-visuellen Terminals gezeigt. Die Umgestaltung der Emscher zu einem renaturierten Gewässer und die Verlegung des Abwasserkanals in unterirdische Röhren ist das zentrale Bauprojekt, das noch bis 2020 laufen und laut Investitionsplan 4,4 Milliarden Euro kosten wird, aber die Lebensqualität im Zentrum des Ruhrgebiets entscheidend verbessern soll.
Im „Haus des Gartens" können sich die Besucher über den Gehölzgarten mit über 6.000 Bäumen rings um Haus Ripshorst informieren, der den heimischen Baumbestand der vergangenen 60 Millionen Jahre widerspiegelt. Und schließlich rundet ein Jahresprogramm von nahezu 100 Exkursionen, Vorträgen und Sonderausstellungen zu Natur- und Umweltthemen das Angebot von Haus Ripshorst ab.

Der Gehölzgarten bietet einen botanischen Streifzug durch die Erdgeschichte.

Das Informationszentrum des Emscher Landschaftsparks.

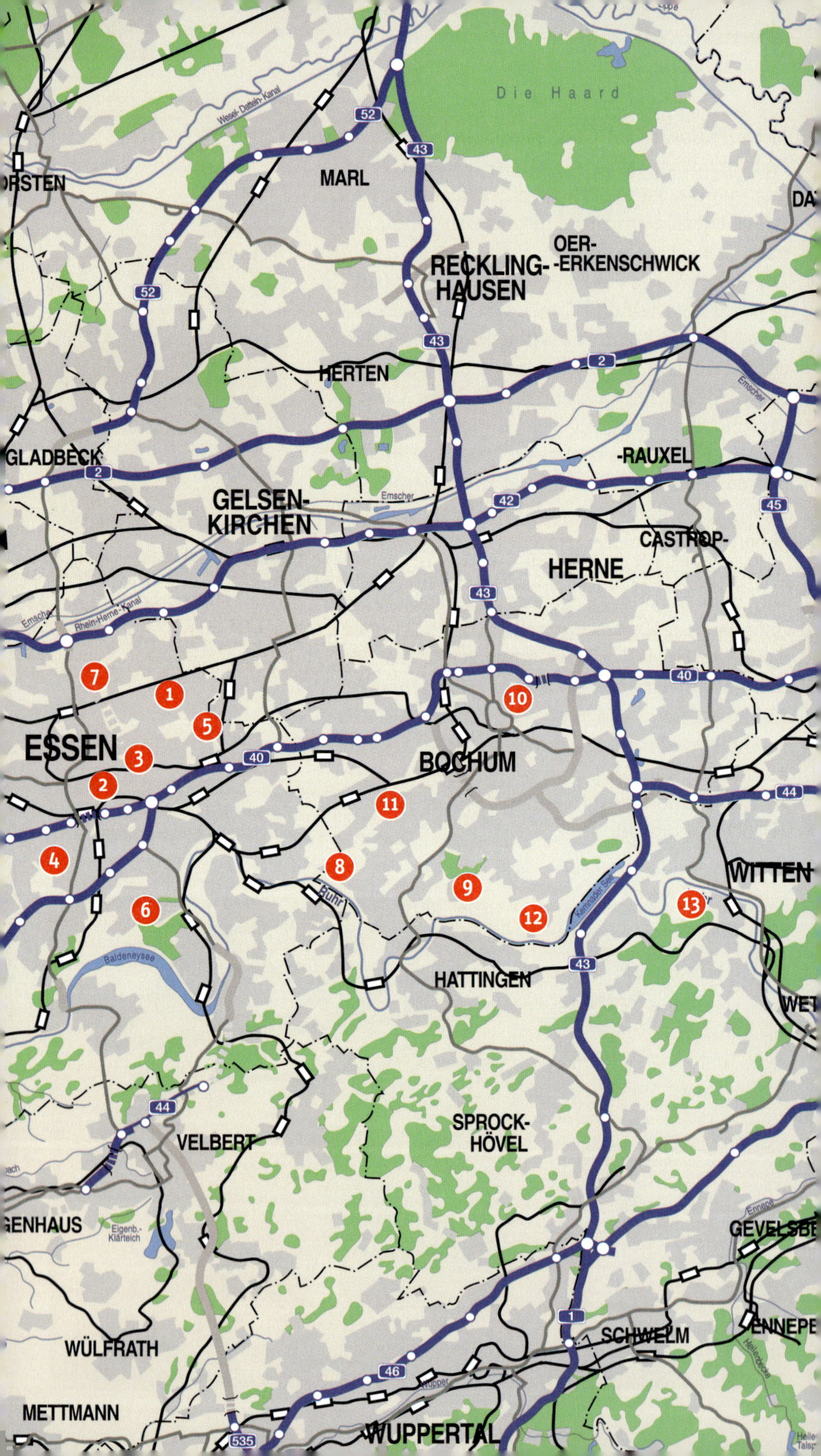
Die Haard
Wesel-Datteln-Kanal
52
43
MARL
OER-
-ERKENSCHWICK
RECKLING-
HAUSEN
HERTEN
2
GLADBECK
GELSEN-
KIRCHEN
Emscher
42
-RAUXEL
CASTROP-
HERNE
45
Rhein-Herne-Kanal
40
7
1
5
ESSEN
3
2
4
6
10
BOCHUM
11
8
9
12
13
44
WITTEN
Ruhr
Kemnader See
HATTINGEN
Baldeneysee
VELBERT
SPROCK-
HÖVEL
Eigenb.-
Klärteich
WÜLFRATH
METTMANN
46
Wupper
WUPPERTAL
535
1
SCHWELM
Ennepe
Heilenbecke

IN DER MITTE DES RUHRGEBIETS

WANDEL DURCH KULTUR

In Bochum und Essen zeigt sich das Revier von seiner urbanen Seite. Beide Städte zusammen bringen es auf fast eine Million Einwohner. Hier haben die größten Universitäten des Ruhrgebiets und wichtige Konzernzentralen ihren Sitz, und auch die meisten Besuchermagneten des Ruhrgebiets sind hier zu finden, allen voran die Zeche und Kokerei Zollverein, die 2001 zum Weltkulturerbe ernannt wurde. Ihr weitläufiges Terrain war im Kulturhauptstadtjahr 2010 das organisatorische Zentrum dieser Großveranstaltung. Nahezu hunderttausend Besucher kamen allein zur Auftaktveranstaltung im Januar und konnten sich dort zum Beispiel auch das gleichzeitig eröffnete Ruhr-Museum anschauen. Viele weitere Attraktionen, wie das Tanztheater im PACT Zollverein oder das kleine Freibad an der

Bild oben:
„Gesicht“ des Ruhrgebiets und Symbol für den Strukturwandel: das Weltkulturerbe Zollverein.

Überregional bekanntes Opernhaus: das Aalto-Theater in Essen.

Kokerei, finden großen Zuspruch. Und das Doppelbockfördergerüst am Haupteingang zu dem riesigen Gelände ist längst zum Symbol für eine Region im Wandel geworden, zwischen einer industriell geprägten Vergangenheit und einer auf Hochtechnologie, Dienstleistung und Kultur ausgerichteten Zukunft.

Essen und Bochum haben den Strukturwandel zu Dienstleistungsstandorten längst vollzogen. Seit vielen Jahren versuchen diese Städte, ihre Attraktivität zu steigern und ein eigenes Flair zu entfalten. Neben der Umnutzung der ehemaligen Industriestätten bemühen sich die Kommunen vor allem darum, die Innenstädte attraktiver zu machen. Sowohl in Essen als auch in Bochum gibt es Quartiere mit lebendiger Außengastronomie, die an Sommertagen geradezu südeuropäisches Flair entfalten. So sorgen das Bochumer „Bermudadreieck" und die von den Essenern liebevoll „Rü" genannte Flaniermeile im Stadtteil Rüttenscheid abends und an den Wochenenden für regen Zustrom auch aus anderen Stadtteilen: ein Gewinn an urbaner Lebensqualität.

Ganz entscheidend für den Wandel in der (Selbst-)Wahrnehmung des Ruhrgebiets steht die enorm gestiegene Identifikation der Region mit ihren kulturellen Aushängeschildern. Gerade Essen und Bochum haben in dieser Hinsicht bedeutende Stätten zu bieten. Überregional bekannte Museen wie das Museum Folkwang und die immer wieder mit großen Sonderausstellungen aufwartende Villa Hügel oder die Kunstsammlung Bochum mit der auf und um Haus Weitmar beheimateten Außenstelle Situation Kunst (für Max Imdahl) zeigen die Tradition des Ruhrgebiets in der Kunst ebenso wie das Bochumer Schauspielhaus oder das Aalto-Theater und die Philharmonie in Essen.

Zu den kulturellen Leistungen der Region gehört auch die Beschäftigung mit der eigenen Geschichte. Zahlreiche Museen dokumentieren das vergangene Montanzeitalter und, damit einhergehend, die Zuwanderung im Ruhrgebiet. Nirgendwo sonst ist die Historie einer Region der-

Nachtleben im Bochumer Bermuda-Dreieck.

artig verflochten mit dem Thema Migration. 150 Jahre Industriegeschichte haben ihr die heutige Struktur gegeben, sie zu einem Schmelztiegel der Kulturen und Nationen gemacht. Millionen Zuwanderer verbanden das Ruhrgebiet mit der Hoffnung auf Arbeit und gutes Geld. Zwischen 1850 und 1925 stieg die Bevölkerung des Reviers von 400.000 auf 3,8 Millionen an, zu den aktuell 5,25 Millionen Einwohnern zählen 615.000 Bürger mit Migrationshintergrund. Insgesamt leben im Ruhrgebiet Menschen aus über 150 Nationalitäten.

Schließlich lohnt auch der Blick auf eine vielfältige Naturlandschaft, deren Wälder, Seen, Parks und Gärten alle hartnäckigen Vorurteile über den so tristen „Ruhrpott" mühelos widerlegen. Die Ruhr mit ihren Spazier- und Radwegen ist längst zu einem beliebten Naherholungsgebiet geworden – mit zahllosen Ausflugslokalen, Grillwiesen, Radwegen, Ruderanlegestellen und Spielplätzen. Insbesondere an den beliebten Ausflugsseen – dem Essener Baldeneysee, dem Kemnader See in Bochum und dem Harkortsee zwischen Herdecke, Hagen und Wetter – wird deutlich: Die Region bietet alle Attribute einer Erholungslandschaft.

Naherholung an der Ruhr bei Bochum mit Blick auf die Burg Blankenstein in Hattingen.

1 ZECHE ZOLLVEREIN

Informationen
Zeche Zollverein
Gelsenkirchener Straße 181
45309 Essen
Tel. 0201 / 46 81 0
www.zollverein.de

Die NRW-Stiftung förderte maßgeblich den Bau der Ringpromenade auf dem Gelände des Weltkulturerbes Zeche Zollverein. Zudem förderte sie das Projekt „Wildnis vor der Haustür".

Das auch überregional bekannteste Wahrzeichen des alten und neuen Ruhrgebiets war vielleicht lange schon die Zeche Zollverein; ganz sicher wurde sie es aber, als die UNESCO sie 2001 zum schützenswerten Kulturgut erklärte. Ihren Ruf als zu ihrer Entstehungszeit modernste und schönste Zeche der Welt verdankt sie insbesondere der Meisterleistung der vom Bauhaus beeinflussten Architekten Martin Kremmer und Fritz Schupp, die von 1927 bis 1932 mit dem Bau einer neuen Zentralschachtanlage XII auf dem Gelände beauftragt waren. Zusammen mit der Gründungsschachtanlage 1/2/8, auf der 1851 die Förderung auf dem Gelände in Essen-Stoppenberg begann, und der 1961 in Betrieb genommenen Kokerei gehört die Zeche heute zum Weltkulturerbe der Menschheit.

Und auch im Jahr der Kulturhauptstadt RUHR.2010 stand Zollverein im Zentrum des Interesses. Millionen Menschen sahen hier die Bilder, die sie künftig mit dem Ruhrgebiet und mit der Kulturhauptstadt verbinden werden: die Eröffnungsfeier in einem Winterwunderland und den markanten Förderturm, der für das Ruhrgebiet zu einem ähnlich starken Symbol geworden ist wie etwa der Eiffelturm für Paris. Aus jenem industriellen Moloch, wo täglich 12.000 Tonnen Kohle gefördert, aufbereitet und zu Koks veredelt wurden, ist ein moderner Kulturpark geworden, der alljährlich Hunderttausende Menschen anzieht.

Zollverein beeindruckt vor allem durch die Vielfalt seiner Angebote. Für den ersten Besuch des weiträumigen Geländes bietet sich ein Ausflug in die industrielle Vergangenheit von Zeche und Kokerei Zollverein auf dem Museumspfad an. Andere Rundgänge zeigen Zollverein zum Beispiel im Wandel zwischen Geschichte und Zukunft, als Standort von Installationen moderner Künstler oder als bedeutendes Architektur-Ensemble. Und es gibt eine von der NRW-Stiftung geförderte Ringpromenade: Ein mehr als drei Kilometer langer und fünf Meter breiter Rundweg führt zu al-

Zählt seit 2001 zum Weltkulturerbe der UNESCO: die Zeche Zollverein.

Die Eisbahn an der alten Kokerei.

Die Kokerei Zollverein – oder die Ästhetik der Industriekultur.

len Zollverein-Höhepunkten. Als kombinierter Fuß- und Radweg erschließt er auch Areale mit „wilder Industrienatur", insbesondere im Bereich des Haldengeländes zwischen Schacht XII und der Kokerei und im Bereich der Gleisbrache unmittelbar nördlich der Kokerei. Die Natur hat sich hier eigendynamisch entwickelt und zeigt eine erstaunliche Artenvielfalt, die sich den zum Teil schwierigen Lebensbedingungen auf den industriegeprägten Standorten angepasst hat. So ist es gelungen, Zollverein zu einem bequem erkundbaren Erlebnisraum zu machen.

Wenn man Zollverein in all seinen Facetten kennen lernen will, sollte man unbedingt mehrere Besuchstage einplanen. Das Tanzzentrum PACT Zollverein, das Phänomania/Erfahrungsfeld, die Installation La Primavera von Maria Nordman in einem alten Kesselascheturm, der „Palast der Projekte" von Ilya und Emilia Kabakov im Salzlager der Kokerei und das red dot design museum im ehemaligen Kesselhaus mit der weltweit größten Ausstellung zeitgenössischen Designs sind noch längst nicht alle Sehenswürdigkeiten, die Zollverein zu bieten hat.

So sollte man unbedingt dem 2010 eröffneten Ruhr Museum einen Besuch abstatten. Hier in der ehemaligen Kohlenwäsche hat die „Heimatgeschichte" der Region endlich jenen zentralen Standort gefunden, der es erlaubt, alle Zeugnisse aus vielen Jahrhunderten, von der Urgeschichte bis in die Gegenwart, unter einem Dach in einer modernen Präsentation zu zeigen. Der Museumsparcours durch die Dauerausstellung folgt dem ehemaligen Weg der Kohle: Auf drei Etagen wird zunächst die gegenwärtige Wirklichkeit der Metropole Ruhr präsentiert, sodann widmet sich die Ausstellung dem vorindustriellen kulturellen Gedächtnis der Region und erzählt zuletzt die spannende Geschichte der Industrialisierung im Ruhrgebiet, die wiederum in der Gegenwart mündet. Darüber finden wechselnde Sonder- und Galerieausstellungen statt.

Überhaupt ist Zollverein alles andere als ein museales Dornröschenschloss. Vielmehr sorgen zahllose Veranstaltungen das ganze Jahr über für Abwechslung. Neben einem hochwertigen Gastronomieangebot zieht im Winter eine Eislaufbahn neben der ehemaligen Kokerei die Gäste an, während im Sommer das Werksschwimmbad zum Baden unter freiem Himmel einlädt.

Versteht sich als „Gedächtnis des Ruhrgebiets": das Ruhr Museum.

2 MARKT- UND SCHAUSTELLERMUSEUM

Informationen
Markt- und Schausteller-museum
Hachestr. 68
45127 Essen
Tel. 0201 / 267 89 69
(Herr Knocke)
www.schaustellermuseum.de

Öffnungszeiten:
Führungen jeweils an einem Samstag im Monat um 14 Uhr,
Anmeldungen und weitere Information im Internet, per Mail oder telefonisch

Die NRW-Stiftung förderte die Herausgabe eines Ausstellungskatalogs des Markt- und Schaustellermuseums.

Essen ist die Heimat einer in Deutschland einzigartigen Sammlung in einem in jeder Beziehung außergewöhnlichen Rahmen. Das Essener Markt- und Schaustellermuseum in einem ehemaligen Fabrikgebäude erzählt die Geschichte eines Gewerbes, das in jüngerer Zeit unter Druck geraten ist.
Früher waren Märkte und Kirchmessen – daher der Name Kirmes – die Höhepunkte eines jeden Jahres. Sie brachten Leben in den an Abwechslungen armen Alltag der Menschen. Das traditionelle Unterhaltungsangebot der fahrenden Schausteller reichte von Schießständen und Losbuden über Fahrgeschäfte wie Achter- und Ponybahnen bis hin zu Drehorgeln, Karussells und Vorführungen menschlicher Abnormitäten, wie etwa der berühmten „Dame ohne Unterleib“.
Auch im Ruhrgebiet haben Jahrmärkte eine große Tradition, die heute noch alljährlich im Hochsommer auf der bekannten Cranger Kirmes in Herne wiederauflebt. Doch die große Zeit der Schausteller ist vorbei, und so ist es für den Besucher des Museums ebenso faszinierend wie lehrreich, sich dieser Geschichte der „Volksbelustigung“ früherer Zeiten anhand von über 5.000 Exponaten anzunähern. Das Spektrum teils rührender, teils skurriler Originalschaustücke reicht vom historischen Karussell über Moritatentafeln, Rückenklaviere, Dreh- und Walzenorgeln bis hin zu Wanderkinoausrüstungen.

Das Museum bietet eine reichhaltige Auswahl der verschiedensten Exponate zur Markt- und Schausteller-Kultur.

ALFRED BRUDER
WALDKIRCH

Fritz Bothmann

3 ALTE SYNAGOGE ESSEN

Informationen
Alte Synagoge
Steeler Straße 29/
Edmund-Körner-Platz 1
45127 Essen
Tel. 0201 / 88-45 218
www.alte-synagoge.essen.de

Öffnungszeiten:
Di-So 10-18 Uhr

Kinder
- Führungen für Schulkassen

Die NRW-Stiftung förderte die Ausstellung „Geschichte(n) des Hauses“ im Obergeschoss der Alten Synagoge.

Sie zählte einst zu den größten und bedeutendsten jüdischen Bauwerken Deutschlands und war lange der einzige freistehende große Synagogenbau der Republik: die zwischen 1911 und 1913 erbaute Synagoge zu Essen. 1938 in der „Reichskristallnacht“ von den Nazis stark beschädigt, diente sie nach dem Krieg lange Zeit als Haus Industrieform der Designausstellung, dann als Gedenkstätte und Dokumentationsforum. Nach umfangreichen, zwei Jahre währenden Umbauarbeiten beherbergt sie nun das „Haus jüdischer Kultur“ – und ist zu einem einzigartigen Ort geworden, an dem man erfahren kann, was jüdisches Leben ist. Die Alte Synagoge ist jedoch kein Museum, sondern ein Ort für kontroverse Diskussionen. In den Donnerstagsgesprächen beschäftigen sich Referenten beispielsweise mit dem historischen und dem aktuellen Antisemitismus. Das sorgt immer wieder für Debatten, die über Essen hinausstrahlen, und macht die Alte Synagoge zu einem höchst lebendigen Ort.

Aber auch zum Verweilen und zur Meditation lädt die Synagoge ein. An die Decke des Tonnengewölbes werden kreisrunde Flächen projiziert, mal mit alten Fotos, mal mit Zahlen. So wird etwa an das Jahr 1913 erinnert, das Jahr der Einweihung, und an das Jahr 1938, als die Nazis den Innenraum der Synagoge zerstörten. Auch 1956 leuchtet kurz als ein Markstein der Geschichte auf, denn nur bis zu diesem Jahr diente das Haus der jüdischen Gemeinde von Essen als Ort der Versammlung.

Die umfangreichen, gut zwei Jahre währenden Bauarbeiten haben den Innenraum der Synagoge vergrößert, indem etliche Zwischenwände entfernt und Verwaltungsräume aufgelöst wurden. So entstand eine neue Empore über dem Eingang. Und damit nichts den Blick hinein in den großen und doch so harmonischen Hauptraum verstellt, wurde auch der mächtige Kronleuchter abgenommen. So gewann dieser Raum an Atmosphäre und atmet nun eine Weite und Großzügigkeit, die niemanden unberührt lassen kann.

Thora-Rolle.

Das Ergebnis ist ein Haus, das bei allen Verschönerungen doch seine tragische Vergangenheit nicht vergessen macht, das sich aber heute der Gegenwart verpflichtet fühlt und sich zur Zukunft hin öffnet – unter einer hellblauen Kuppel, so fern und entrückt wie der Himmel. Wenn der Blick durch den Raum schweift, findet er Halt am Thora-Schrein aus poliertem Muschelkalk, dessen hebräische Inschrift aus leuchtend bunten Mosaiksteinchen mahnt: „Wisse, vor wem du stehst."
Diese Spannungen sind es, die Essens Synagoge so einzigartig machen: das Wechselspiel zwischen einer vitalen Gegenwart und einer zur Erinnerung mahnenden Vergangenheit, zwischen dem jüdischen Glauben und der jüdischen Kultur, die – mutig, aber konsequent – immer wieder auch auf Unterhaltung setzt. Das ist ganz besonders in der Abteilung „Jüdischer Way of Life" der Fall. Ein großer Glaskasten wird dort zur Tanzschule, in dem Besucher die Bewegungen einer Schattenfigur verfolgen und auf diese Weise jüdische Tänze

Die Alte Synagoge.

Führungen durch die Ausstellung vermitteln Wissenswertes zur jüdischen Geschichte und Kultur.

erproben können. Tanzen und Tanzen lernen in einer ehemaligen Synagoge?
Dass man darin keinen Widerspruch sehen muss, zeigt die Geschichte, schließlich dienten auch früher die Bethäuser den jüdischen Gemeinden zu frohen Zusammenkünften und Festen. Das Haus ist zwar heute keine Synagoge mehr, aber es nimmt auf diese dezente Weise den Faden wieder auf, der aus der Anfangszeit des Hauses zu Beginn des 20. Jahrhunderts bis zu uns hinüberreicht. Und gleich neben dieser Tanzschule wird an einem Fließband die Kenntnis über koscheres Essen abgefragt und auch ein Superman-Kostüm ausgestellt, dessen Brust ein mächtiger Davidstern schmückt. Viel zu lernen und zu erfahren gibt es zudem am Touchscreen-Monitor.
In diesem ehrwürdigen Gotteshaus darf durchaus auch gelacht und geschmunzelt werden, denn es geschieht in der alten Tradition des jüdischen Humors und der jüdischen Selbstironie, die hier als Humus dieser Kultur unverkrampft und fröhlich zur Schau gestellt wird. Natürlich verschweigt das Haus nicht die Opfer, nicht die Pogrome. Aber es fordert von seinen Besuchern keine weihevollen Gesten der Betroffenheit. Dabei wird ein erstaun-

licher Effekt erzielt: Die Weitung des Blicks auf das jüdische Leben und seine unterhaltsamen Seiten scheint ihn gleichzeitig zu schärfen für Verfolgung und Mord. Seit der Neugestaltung werden beispielsweise die Gedenkblätter von weitaus mehr Menschen wahrgenommen als noch in der alten Ausstellung. Neuerdings kennt die Synagoge – neben zahlreichen angemeldeten Gruppen – auch Laufpublikum, also Menschen, die vorbeikommen und sich angesprochen und eingeladen fühlen. Allein zum „Tag des offenen Denkmals“ haben über tausend Besucher den Weg hierher gefunden.

Dies ist sicher auch der neuen Gestaltung des Vorplatzes zu verdanken, benannt nach Edmund Körner, dem Architekten der Synagoge. Zu diesem Platz scheint sich die Treppe wie ein Fächer zu öffnen. So wirkt das Haus jetzt einladend, wozu auch die Eingangstüren aus Glas beitragen, die von innen einen Blick auf das Treiben der Stadt ermöglichen. Das neue Haus jüdischer Kultur will sich nicht abgrenzen, sondern demonstriert Offenheit und die Bereitschaft zur Teilhabe.

Unkonventionelles Erlebnis: Auf Designer-Liegen können Besucher die Geschichte der Synagoge anhand von Projektionen auf der Decke des Tonnengewölbes nachverfolgen.

Blick von der ehemaligen Frauenempore in den Hauptraum der Synagoge.

Neue alte Heimat der Kinofreunde: das Filmstudio Glückauf.

4 FILMSTUDIO GLÜCKAUF

Das 1924 im Keller des Glückauf-Hauses, eines großen Bürokomplexes, gegründete Essener „Filmstudio Glückauf" zählt heute zusammen mit dem „Universum-Theater" im westfälischen Bünde zu den dienstältesten Kinos in Nordrhein-Westfalen. Zur Eröffnung wurde seinerzeit „Nanuk, der Eskimo" von Robert J. Flaherty vorgeführt, der erste abendfüllende Dokumentarstreifen der Stummfilmära. Die Gründer des Lichtspielhauses setzten sich zunächst für das so genannte Reformkino ein – „sittlich reine und lehrreiche Bilder" sollten das Publikum erfreuen. Doch die belehrenden Filme über Natur und Kultur ferner Länder konnten die spannenden Unterhaltungsfilme nicht ersetzen, nach denen das große Publikum auch damals schon verlangte. Die Kinobesucher blieben weg.

Größere Erfolge erlebte das im Krieg teilweise zerstörte Kinotheater dann in den 1950er Jahren, nach seinem Wiederaufbau 1953 und der Umgestaltung zu einem Filmstudio mit „intimer Kammerspielatmosphäre". Das Studio war immer noch im Keller des Glückauf-Hauses untergebracht. Kinosaal und Foyer wurden nun aber im

Informationen

Filmstudio Glückauf
Rüttenscheider Straße 2
45128 Essen
Tel. 0201 / 43 93 66 33
www.filmstudio-essen.de

Die NRW-Stiftung hat den Verein Rettet das Filmstudio e.V. bei der Restaurierung der denkmalgeschützten Inneneinrichtung unterstützt.

Stil der fünfziger Jahre eingerichtet. Dieses inzwischen denkmalgeschützte Interieur, bestehend aus Bestuhlung, Bar und Lampen, verleiht dem Kino eine nostalgische Atmosphäre.
1991 wurde das Kino Mitglied in der Gilde der Filmkunsttheater. Im selben Jahr gewann es unter neuer Leitung noch einmal durch sein ambitioniertes Programm an Profil und wurde so zu einem der am häufigsten ausgezeichneten Programmkinos in Deutschland.
2001 änderte sich die Situation schlagartig. Aufgrund statischer Probleme musste das Glückauf-Haus komplett geräumt werden. Für einige Zeit fand das Filmstudio eine neue Bleibe in der Schalterhalle der Zeche Zollverein, hier gingen aber die Besucherzahlen zurück. Das Glückauf-Haus war nicht mehr zu retten, lediglich die denkmalgeschützte Ziegelsteinfassade blieb erhalten. Dahinter entstand in den letzten Jahren ein neues Bauwerk, in dem auch das Lichtspielhaus mit der kostbaren Kinoausstattung wieder eine Heimat fand.

Cinematografisches Kleinod: der Guckkasten.

Filme genießen in historischem Ambiente.

Bürgerschaftliches Engagement rettete das Filmstudio Glückauf.

Seine Wiedergeburt verdankt das traditionsreiche Kino nicht zuletzt dem Engagement des gemeinnützigen Vereins Rettet das Filmstudio e. V. Die Initiative der Essener Kinobetreiber Marianne Menze und Hanns-Peter Hüster und eine groß angelegte Spendenkampagne ermöglichten es, das Filmstudio im Dezember 2009 am alten Standort wieder zu eröffnen.
Bei der Premiere am 18. Dezember wurde noch einmal „Nanuk, der Eskimo" gezeigt, jener Stummfilm, der schon vor 85 Jahren hier zu sehen war, diesmal begleitet von Solisten der Essener Philharmoniker. Als einziges historisches Lichtspieltheater unter den Projekten des Kulturhauptstadt-Jahres RUHR.2010 bietet seither das „Filmstudio Glückauf" seinem Publikum ein Kinoerlebnis in außergewöhnlichem Ambiente.

5 BANDONION-FREUNDE-ESSEN

Früher waren sie ein fester Bestandteil der Unterhaltungskultur im Ruhrgebiet: Bandonion-Spieler und ihre Orchester. Heute ist das Orchester der Bandonion-Freunde-Essen das letzte seiner Art im Revier. Ihr Repertoire ist groß: Volksmusik, Walzer, Slowfox, Märsche, Polkas, Rumba, Liedweisen und vor allem Tangos stehen auf dem Programm.
Das vor zwanzig Jahren von Laienmusikern gegründete Orchester mit dem Bandonion als Hauptinstrument ist seit seiner Gründung weit über die Grenzen von Nordrhein-Westfalen hinaus bekannt geworden. Die Bandonion-Freunde-Essen traten schon mehrfach im Fernsehen auf und lieferten den Soundtrack für etliche Filme. Im Auftrag des WDR wurde 1998 ein 30-minütiger Film mit dem Titel „Der letzte Tango im Revier" über den Verein aus Altendorf gedreht und bundesweit ausgestrahlt.
Die im Orchester hauptsächlich benutzten 144-tönigen Einheitsbandonions sind größtenteils mehr als ein halbes Jahrhundert alt und stammen fast ausschließlich aus der Fabrikation der Alfred Arnold Werke in Carlsfeld im Erzgebirge. Die Bandonions dieser Instrumentenbauer galten als die besten ihrer Art und wurden größtenteils nach Übersee exportiert. Mit finanzieller Unterstützung der NRW-Stiftung konnte das Orchester 1994 eine eigene Tonproduktion mit dem Titel „Tango Del Gruga" herausbringen.

Informationen

Bandonion-Freunde-Essen
Matthias-Erzberger Str. 26
45309 Essen
Tel. 0201 / 24 00 870
(Franz-Josef Senicar)
www.bandonion-freunde.de

Die NRW-Stiftung hat das Bandonion-Orchester bei der Produktion einer CD unterstützt.

Historisches Bandonion.

Das Bandonion-Orchester im Einsatz.

6 BLÜCHERTURM

Informationen
Blücherturm
Am Stift 9
45134 Essen-Rellinghausen

Öffnungszeiten:
1. Sa im Monat 15-18 Uhr

Mit Unterstützung der NRW-Stiftung hat die Bürgerschaft Rellinghausen-Stadtwald e.V. den Turm restauriert.

Ein düsterer Ort! Früher einmal diente der alte Blücherturm in Essen-Rellinghausen als Gefängnis und Folterkammer und war Schauplatz von fast 40 Hexenprozessen. Das Stift adeliger Damen in Rellinghausen und sein Vogt Wilhelm von Eyll ließen den Turm 1567 errichten, um an dieser Stätte Gericht zu halten. In neuerer Zeit war hier die örtliche Feuerwehr untergebracht.

Seinen Namen hat der Blücherturm eher zufällig erhalten. Im vergangenen Jahrhundert lebte der Stadtpolizist Robeck mit seiner Familie in diesem Gebäude. Polizist Robeck hieß bei den Bürgern von Rellinghausen nur „der alte Blücher“ – vermutlich, weil er dem gleichnamigen preußischen Feldmarschall ähnlich sah, vielleicht aber auch, weil er ähnlich draufgängerisch war wie der auch als „Marschall Vorwärts“ bekannt gewordene Haudegen der Befreiungskriege gegen die Franzosen.

Als der Essener Stadtteil Rellinghausen 1996 sein tausendjähriges Bestehen feierte, stand der traditionsreiche Gerichtsturm im Abseits. Er war marode und wurde allenfalls noch sporadisch für

Die Geschichte Rellinghausens wird anhand von Berichten und Dokumenten erzählt.

Der Blücherturm in Essen-Rellinghausen.

Veranstaltungen genutzt. Und die Zeiten, in denen der zweigeschossige Turm die umliegenden Gebäude überragte, waren längst vorbei. Wenig später erwarb die Bürgerschaft Rellinghausen-Stadtwald das nur 103 Quadratmeter große Grundstück, um den Turm zu renovieren und in einen Ort für Vorträge und Ausstellungen zu verwandeln. Die Ehrenamtlichen des 1910 gegründeten Bürgerschafts-Vereins entkernten das denkmalgeschützte Gebäude in Eigenregie, sorgten für Sachspenden und eine neue Einrichtung. In der Geschichtswerkstatt unter dem Dach sind Berichte und Dokumente aus alten Tagen gesammelt.

Seit der Wiedereröffnung im Oktober 1998 spielt der von Efeu umrankte Blücherturm wieder eine Rolle in Rellinghausen. Er ist heute zentrale Anlaufstelle für Besuchergruppen und Schulklassen, die sich in der Bibliothek der Geschichtswerkstatt oder im Foto- und Kartenarchiv über die Vergangenheit des Turms und der Gemeinde Rellinghausen informieren wollen.

Der klassizistisch gestaltete Malakowturm wurde 1856/57 errichtet und ist damit einer der ältesten im Ruhrgebiet.

7 MALAKOW-TURM

Von 1861 bis 1929 wurde hier Kohle gefördert, anschließend nutzte man den Schacht noch zur Entlüftung – 1955 war dann Schluss. Das Ende der Zeche Carl und damit auch des Malakow-Turms schien besiegelt, sein Abriss unausweichlich. Fördertürme dieser Bauweise, mit bis zu drei Meter dickem Ziegelmauerwerk, waren in den 1850er bis 1870er Jahren in Europa sehr verbreitet. Ihren Namen haben sie vom Fort Malakow, einem Teil der russischen Festungsanlagen bei Sebastopol auf der Krim, das so massiv gebaut war, dass es im Krimkrieg (1853–1856) stärksten Angriffen Stand hielt und erst nach langer Belagerung fiel. Durch die Kriegsberichterstattung wurde der Name Malakow europaweit bekannt.

Von den ursprünglich weit über hundert Fördertürmen dieses Bautyps im Ruhrgebiet sind heute gerade noch 14 erhalten – und der Turm auf Zeche Carl ist einer von ihnen. Dass er erhalten

blieb, ist dem Engagement von Altenessener Bürgern, Jugendlichen und der örtlichen Kirchengemeinden zu verdanken, die sich seit den 1970er Jahren für den Erhalt der Zeche einsetzten. 1978 gründeten sie den Verein Initiative Zentrum Zeche Carl e. V. In den folgenden Jahrzehnten entwickelte sich die Zeche Carl zu einem der erfolgreichsten und innovativsten soziokulturellen Zentren Deutschlands. Doch während sich hier internationale Stars die Klinke in die Hand gaben, das Partyvolk die Nacht zum Tage machte und Schüler und Senioren die Räume des Zentrums an den Nachmittagen nutzten, dämmerte der Malakow-Turm vor sich hin. 2010 beschloss der Stadtrat endlich, das altehrwürdige, aber in denkbar schlechtem Zustand befindliche Bauwerk zu sanieren. Dies geschah aus finanziellen Gründen allerdings nur im Rahmen einer Gebäudesicherung. So wurde bislang auf einen Innenausbau, beispielweise den Einbau einer Heizung, verzichtet. Dementsprechend liegt bislang auch kein Nutzungskonzept vor.

Die Gastronomie im Casinogebäude.

Informationen

Malakow-Turm
Wilhelm-Nieswandt-Allee 100
45326 Essen
Tel. 0201 / 83 444 10
www.zechecarl.de

Die NRW-Stiftung hat geholfen den Malakow-Turm zu sanieren.

8 EISENBAHNMUSEUM BOCHUM-DAHLHAUSEN

Von der Welt der Eisenbahn träumen nicht nur kleine Jungen. So mancher schwärmt sein Leben lang vom Beruf des Lokomotivführers, Schaffners oder Bahnhofsvorstehers. Ein Ort, an dem solche Wunschvorstellungen und die Wirklichkeit ganz nah beieinander liegen, befindet sich im Bochumer Stadtteil Dahlhausen, in unmittelbarer Nähe zur Ruhr. Dort lädt das größte Eisenbahnmuseum Deutschlands zu einer eindrucksvollen Reise in die Vergangenheit ein.

Denn hier, im mittleren Ruhrtal, begann die Geschichte der Eisenbahn im Revier – mit der Eröffnung der Zweigbahn Steele – Dahlhausen/Ruhr der Bergisch-Märkischen Eisenbahn im Jahre 1863. Mit dem weiteren Ausbau des Streckennetzes, vor allem für den Kohlenverkehr, wurde Dahlhausen ein bedeutender Bahnknotenpunkt. Für den Einsatz von Güterzuglokomotiven errichtete die Preußische Staatsbahn in den Jahren 1916–1918 die bis heute weitgehend erhaltenen Anlagen des Bahnbetriebswerks. Allerdings verfügte das Dahlhauser Betriebswerk erst ab 1925 über eigene Lokomotiven und das dazugehörige Personal. Zuvor wurden hier die Lokomotiven aus den benachbarten Bahnbetriebswerken Hattingen/Ruhr und Steele-Nord gewartet und repariert.

Die Dahlhauser Lokomotiven wurden im schweren Güterzugverkehr, besonders im Verkehr von und zu den Zechen eingesetzt. Der Höchstbe-

Informationen

Eisenbahnmuseum
Bochum-Dahlhausen
Dr.-C.-Otto-Straße 191
44879 Bochum
Tel. 0234 / 49 25 16
www.eisenbahnmuseum-bochum.de

Öffnungszeiten:
1. März bis Mitte November:
Di-Fr/So/Fei 10-17 Uhr,
letzter Einlass 16 Uhr

Kinder

- Mehrmals im Jahr Sonderprogramm für Kinder mit kindgerechten Erklärungen
- Sonderführungen

www.nrw-entdecken.de

Die NRW-Stiftung hat sich unter anderem am Bau einer Ausstellungshalle für die Schienenfahrzeuge beteiligt.

Die nostalgischen Dampfrösser sind die Stars des Museums.

66 002

Die alten Lokomotiven müssen ständig gewartet werden.

SEHENSWERT

Prinz-Regent-Theater
Die Idee, die großzügigen Räume der alten Zeche Bochum als Schauspielhaus umzubauen, hatte der Theaterverein Prinz Regent, in dessen Vorstand heute der bekannte Kabarettist und Schriftsteller Frank Goosen sitzt, 1991 angeregt.
Großen Anklang findet heute bei den Theaterbesuchern besonders das breit gefächerte Programm des Hauses, das sowohl den traditionellen Geschmack bedient als auch Produktionen mit experimentellem Charakter zeigt. Der Schwerpunkt liegt dabei seit einiger Zeit auf der Inszenierung zeitgenössischen Sprech- und Musiktheaters.

■ Informationen
Prinz-Regent-Theater
Prinz-Regent-Str. 50-60
44795 Bochum
Tel: 0234/ 77 11 17
www.prinzregenttheater.de

stand betrug 35 Dampflokomotiven. 1957 waren 522 Menschen im Bahnbetriebswerk beschäftigt, zu dem auch eine Reparaturhalle für defekte oder untersuchungspflichtige Güterwagen gehörte.
Nach der Beseitigung der Kriegsschäden erlebte das Betriebswerk Dahlhausen in den 1950er Jahren durch das „Wirtschaftswunder" mit seinem enormen Bedarf an Steinkohle eine neue Hochkonjunktur. So wurden noch Mitte der 1960er Jahre im Güterbahnhof Bochum-Dahlhausen täglich mehr als 2.000 Güterwagen abgefertigt. Mit der Schließung der letzten Zechen an der Ruhr entfiel das Haupteinsatzgebiet der Lokomotiven des Betriebswerks Bochum-Dahlhausen, das am 1. August 1969 seinen Status als selbstständige Dienststelle verlor. Ein Teil der Anlagen wurde zurückgebaut. Schließlich wurde auch die Güterwagenausbesserung 1982 aufgegeben. Die Deutsche Gesellschaft für Eisenbahngeschichte e. V.

(DGEG) übernahm das Gelände des Betriebswerks ab 1968 schrittweise von der Bundesbahn für die Unterbringung ihrer Sammlung historischer Eisenbahnfahrzeuge und eröffnete 1977 das Eisenbahnmuseum, das seitdem kontinuierlich weiter ausgebaut werden konnte.
Ein Publikumsmagnet sind die einmal pro Monat stattfindenden Mitfahrten auf dem Führerstand. Wer mag, darf dabei in die Rolle eines Zugführers schlüpfen. So wird – wenigstens für einen Moment – manch langgehegter Wunsch Wirklichkeit. Weitere Attraktionen sind die Museumstage, Dampfzug-Sonderfahrten bis ins Rheinland, Workshops, Kindertage und Fahrzeugvorführungen. Vor allem Film- und Fotofreunde kommen bei diesen eindrucksvollen Darbietungen auf ihre Kosten.
Im historischen Lokschuppen aus dem Jahr 1918 sind die liebevoll gepflegten Exponate zu bestaunen. Die Besucher des Museums erhalten hier einen umfassenden Überblick über die Entwicklung von Lokomotiven und Wagen in Deutschland. Viele der ausgestellten Fahrzeuge gelten heute als echte Raritäten, weil sie als eines von wenigen oder gar als einziges ihrer Art vor der Verschrottung bewahrt werden konnten. Darüber hinaus dokumentiert die Ausstellung auch spezielle Bereiche des Eisenbahnwesens, wie etwa die Signaltechnik oder das Thema „Fahrkarten“ anhand gut erhaltener historischer Exponate.

Eine der Attraktionen: die Dampfspeicherlok „Südkabel 120“ der Süddeutschen Kabelwerke Mannheim.

Historischer Bahnsteig Dahlhausen.

Das Radom der Sternwarte ist mit einer 20 Meter hohen Parabolantenne ausgestattet.

9 STERNWARTE BOCHUM

Von der Weltöffentlichkeit zunächst unbemerkt segelte der erste Raumflugkörper aus Menschenhand am 4. Oktober 1957 durchs All und eröffnete eine neue Runde im Kalten Krieg. Wer einen Satelliten auf eine Umlaufbahn schicken kann, das war allen Experten klar, ist auch in der Lage, mit Interkontinentalraketen jeden Punkt der Erde anzugreifen. Die Radiosignale des Sputnik waren die einzigen Spuren des sowjetischen Trabanten. In einem kleinen Keller in der Sternwarte Bochum wurden sie aufgefangen und sorgten so für eine Weltsensation. Denn nirgends sonst in Deutschland – und zeitweilig in ganz Europa – konnten die Signale des Weltraumpioniers direkt empfangen werden. Die Sternwarte Bochum war die einzige deutsche Quelle für Informationen, die über die offiziellen Verlautbarungen der russischen Dienststellen hinausgingen. Der kleine Raum, in dem die Signale empfangen wurden, ist bis heute als „Sputnik-Keller" legendär.

Die Bochumer nennen die Sternwarte liebevoll „Kap Kaminski" – nach ihrem Gründer Heinz Kaminski. Nach dem Ende des Zweiten Weltkriegs machte der Chemieingenieur und Hobbyastronom seinen Traum wahr und begann eine Volkssternwarte aufzubauen. Er wollte den Blick der Menschen inmitten von Trümmern auf etwas richten, das unveränderlich schön bleibt: auf die Sterne und Planeten. 1953 wurde Kaminski hauptamtlicher Leiter, 1956 errichtete er eine Außenstelle mit zwei Kuppelbauten auf dem Bockenberg – bis heute Standort der Sternwarte. Mit der Sputnik-Sensation 1957 kam der Ruhm, von da an galt der 1972 zum Honorarprofessor ernannte Kaminski als Autorität auf seinem Gebiet. Die Volkssternwarte Bochum wurde zu einer ersten Anlaufstelle für Journalisten aus ganz Deutschland. Auch als am 12. April 1961 Juri Gagarin als erster Mensch ins Weltall aufbrach, belagerten sie tagelang Kaminskis Forschungseinrichtung.

Im Oktober 1999 erlitt das „Kap Kaminski" einen schweren Schlag, als die kugelförmige Hülle des Radar-Doms (kurz: Radom) in sich zusam-

Informationen

IUZ Sternwarte Bochum
Blankensteiner Straße 200a
44797 Bochum
Tel. 0234 / 4 77 11
www.iuz-bochum.de

Öffnungszeiten:
Di-Do 11-16 Uhr, Fr 11-14 Uhr, So (April bis Oktober) 11-17 Uhr, So (November bis März) 11-16 Uhr

Kinder

- Labor der kleinen Forscher, Wissenssafari

www.nrw-entdecken.de

Die NRW-Stiftung half bei der Wiederherstellung der Ausstellung, die beim Einsturz der Radom-Hülle zerstört wurden.

Das Ohr ins All.

Auch die Nachbildung eines Mondfahrzeuges ist in der Sternwarte Bochum zu sehen.

menfiel und ein Großteil der Inneneinrichtung dabei zerstört wurde. Mit Spenden von Bürgern der Region sowie öffentlichen und Geldern der NRW-Stiftung konnten die Räume wieder aufgebaut und neu ausgestattet werden.
Heute wird hier das Bild der Erde aus dem Weltall empfangen und großflächig gezeigt. Besondere Angebote vermitteln außerdem einen Eindruck vom aktuellen Stand der technischen Entwicklung in der Weltraumforschung. Museumsstücke der Warte sind unter der kuppelförmigen Traglufthalle ausgestellt. Diese Halle besteht aus 161 vernähten Polyesterbahnen, die durch einen von drei Gebläsen erzeugten Überdruck aufrecht gehalten werden. Das Schmuckstück der Sternwarte, der Sputnik-Keller, wurde originalgetreu rekonstruiert.
Heute betreibt das Institut für Umwelt- und Zukunftsforschung (IUZ) die Sternwarte. Sie ist als Museum zur Weltraumfahrt und als Agenda 21-Zentrum NRW eingerichtet. Dieses Aktionsprogramm der UNO beschäftigt sich mit der nachhaltigen Entwicklung unserer Erde. Heinz Kaminski sah die Hauptaufgabe des Instituts „in der Verdeutlichung der Agenda 21. Weil wir exklusiv die Möglichkeit besitzen, die Erde live aus dem Weltall darzustellen und zu zeigen, wie der Mensch leben müsste.“ Im Jahre 2002 starb der Wissenschaftler im Alter von 80 Jahren. Die Sternwarte wird von seinem Nachfolger Thilo Elsner weitergeführt.

10 PARKHÄUSCHEN BOCHUM

Einst diente der schmucke Bau den Besuchern des Bochumer Stadtparks als öffentliche Bedürfnisanstalt, heute dient er anderen Zwecken: In dem ehemaligen Toilettenhäuschen hat die Kortum-Gesellschaft Bochum nach aufwendiger Renovierung ihr neues Domizil und einen Veranstaltungsort eingerichtet.

Der Stadtpark in der Nähe der Bochumer Innenstadt ist der älteste und größte seiner Art im Ruhrgebiet. Bereits 1871 beschloss der Rat der Stadt Bochum, einen öffentlichen Park anzulegen, sehr zur Freude der Bürger, die in den Anlagen auch heute noch Ruhe und Entspannung finden. 1925 dann ließ die Stadt die Bedürfnisanstalt bauen. Mit dem sternförmigen Dachkamin, den hellgrauen Fugen und den über Eck angelegten Fensterreihen ist das kleine Haus ein typisches Beispiel für die expressionistische Backsteinarchitektur jener Zeit. Und da der Schutz von Denkmälern ein wesentliches Ziel der Kortum-Gesellschaft Bochum ist, war die Entscheidung für das Gebäude 1997 schnell gefallen.

Der Umbau dauerte ein Jahr. Dabei sollte der Charakter des Gebäudes in möglichst vielen De-

Informationen

Kortum-Gesellschaft
Bochum
Graf-Engelbert-Straße 18
44791 Bochum
Tel. 0234 / 58 14 80

Die NRW-Stiftung hat die Kortum-Gesellschaft Bochum dabei unterstützt, das Parkhäuschen zu einem Veranstaltungsort umzubauen.

Aus dem Toiletten- wurde ein Kulturhäuschen.

Erinnerungen an die Vergangenheit.

tails erhalten bleiben – ohne jedoch allzu aufdringlich an seine ursprüngliche Funktion zu erinnern. Die Außenleuchten wurden vom Rost befreit und als architektonische Zierde wieder in die Ecken des Häuschens gehängt. Im Eingangsbereich entstand ein zusätzlicher Raum, und die ursprünglichen Installationen wichen einem großen Veranstaltungsraum. Die blauen Kacheln aus den 1920er Jahren hingegen bestimmen noch immer das Ambiente der Innenräume und vermitteln den Besuchern einen Eindruck von vergangener Atmosphäre. Für den Sanitärbereich wurde ein voll funktionsfähiger Teil der ursprünglichen Einrichtung genutzt. Dort können vier „Herrenstände" aus Keramik als seltene Originalstücke aus der Weimarer Zeit begutachtet werden.

Die 200 Mitglieder des Vereins haben sich so einen würdigen baulichen Rahmen geschaffen, um ihr Engagement für Heimatkunde, Stadtgeschichte und Denkmalschutz in Bochum und der Region zu vermitteln. Die Bibliothek mit 1.500 Bänden steht interessierten Nutzern zur Verfügung; und Veranstaltungsräume für bis zu 40 Personen können in den neuen Räumen gemietet werden. Benannt ist der Verein übrigens nach dem Arzt, Wissenschaftler und Schriftsteller Carl Arnold Kortum (1745–1824), der in Bochum seit 1770 eine gutgehende Praxis betrieb und hier auch gestorben ist.

11 WATTENSCHEIDER BERGBAUWANDERWEG

Auch für Wattenscheid änderte sich durch den Bergbau und die Industrialisierung alles. Aus dem kleinen westfälischen Dorf wurde innerhalb weniger Jahrzehnte eine Ruhrgebietsstadt. Heute hat sich erneut eine tiefgreifende Wandlung vollzogen. Wattenscheid wurde 1975 zu Bochum eingemeindet, und der Bergbau ist auch hier längst Geschichte. 1988 wurde mit der Schließung von Schacht IV und VI auf Zeche Holland die Kohleförderung endgültig aufgegeben.

Die letzten Spuren der Bergbau-Vergangenheit verblassen hier noch schneller als anderswo, vor allem im Süden Wattenscheids, wo die Zechen kleiner waren als im Ortszentrum und zum Teil schon im 19. Jahrhundert die Förderung einstellten.

An sie will der Bergbauwanderweg Wattenscheid erinnern. Er führt durch die Stadtteile Höntrop und Eppendorf und wurde 1992 vom Heimat- und Bürgerverein fertiggestellt. Auf einer Strecke von 4,8 Kilometern kann der Spaziergänger sich anhand von 14 Schautafeln die Zeit des prosperierenden Bergbaus vor Augen führen lassen, wozu sonst viel Phantasie nötig wäre, denn längst hat Natur die Industrieflächen zurückerobert und die meisten Spuren überwuchert. Zu den ältesten Überbleibseln der bergbaulichen Vergangenheit auf dieser Wanderung gehören die Stollenmundlöcher der 1738 gegründeten Zeche Storksbank.

Informationen

Wattenscheider Bergbauwanderweg
Startpunkt:
Realschule Höntrop
Höntroper Str. 99
44869 Bochum

Der Wattenscheider Bergbauwanderweg konnte mit Unterstützung der NRW-Stiftung angelegt werden.

Bergbauerinnerungen in der Natur.

12 DORFKIRCHE STIEPEL

Im Jahr 2008 feierte die Stiepeler Dorfkirche ihr tausendjähriges Bestehen. Sie ist nicht nur das vermutlich älteste Baudenkmal Bochums, sondern auch eines der schönsten. Die um das Jahr 1008 errichtete kleine Saalkirche wurde in der Mitte des 12. Jahrhunderts durch eine romanische Basilika ersetzt, von der Teile noch erhalten sind. Ende des 15. Jahrhunderts wurde sie im spätgotischen Stil zur heutigen Hallenkirche umgebaut. Wohl zwischen dem 12. und dem späten 15. Jahrhundert entstanden auch die Wand- und Deckenmalereien, mit denen die Kirche reich ausgeschmückt war. Sie wurden 1698 übertüncht, erst 1952 wieder entdeckt und in mehreren Phasen sorgfältig restauriert. Was da freigelegt wurde, fand weithin große Beach-

Informationen
Stiepeler Dorfkirche
Brockhauser Str. 72a
44797 Bochum
Tel. 0234 / 79 13 37
www.dorfkirche-bochum-stiepel.de

Öffnungszeiten:
Di-So 14-18 Uhr,
Mo geschlossen

Mit Unterstützung der NRW-Stiftung konnten wertvolle Wandmalereien des 12. bis 16. Jahrhunderts im Innenraum der Kirche restauriert werden.

Chorraum der Dorfkirche.

Dorfkirche Stiepel.

tung, denn Malereien aus so alter Zeit und in solcher Fülle sind selten – und nun gar in einer Dorfkirche!

Zu sehen sind unter anderem – neben reicher Ornamentik – Darstellungen bekannter Geschichten und Motive aus der Bibel: der Kindermord zu Bethlehem, die Flucht nach Ägypten, der richtende Christus mit Kain und Abel (diese aus romanischer Zeit) und die Paradiesströme (spätgotisch). Diese einfachen bildlichen Darstellungen sollten den des Lesens meist unkundigen Menschen des Mittelalters die biblischen Geschichten näher bringen und so Glaubensinhalte leichter fasslich machen. Heute gewähren sie uns einen außergewöhnlichen Blick in die Glaubenswelt des Mittelalters.

Seit dem Abschluss der Restaurierungsarbeiten im Jahr 2002 sind die Bilder frei zu besichtigen. Auch ein Gang durch den historischen Friedhof, der die Kirche umgibt, lohnt sich: Es gibt hier noch Grabsteine aus dem 17. Jahrhundert, und die Mauer und das Torhaus sind noch älter.

Mittelalterliche Wandbilder.

13 GRUBEN- UND FELDBAHNMUSEUM ZECHE THERESIA

Im Führerstand der alten Feldbahn-Diesellok sind lauter „Schmalspurbahnliebhaber“ versammelt – Kenner historischer Schienenfahrzeuge, die begeistert die ehrwürdige Technik der Lok bewundern, in der keine Digitalanzeige leuchtet und kein Knopf blinkt. Im Gruben- und Feldbahnmuseum Zeche Theresia kommen neben den 90 Loks und rund 200 Waggons auch die Besucher bei zahlreichen Touren in Fahrt. In den historischen Schätzchen rumpeln technisch Interessierte ebenso wie unverbesserliche Romantiker quer durch das Muttental.
Von hier stammt wohl auch die Legende von dem Schweinehirten, der als erster mit Kohle heizte – obgleich eher zufällig. Als er im Herbst einmal Rast machte und fror, wollte er ein Feuer entzünden, um sich daran zu wärmen. Er breitete Holz auf dem Boden aus, auf dem dunkle Steine lagen, und zündete es an. Bald fiel ihm auf, dass das Feuer immer noch brannte, obwohl das Holz längst verglüht war. Die vermeintlichen Steine hatten sich entzündet und glühten nun noch lange nach. Der Schweinehirte hatte die Steinkohle entdeckt. – Ob diese Geschichte einen wahren Kern hat, wird sich wohl nie belegen lassen. Erwiesen ist aber, dass im Muttental schon im frühen 16. Jahrhundert Kohle gefördert wurde. Wie an vielen anderen Stellen im Ruhrtal tritt die Kohle hier offen zutage.
Die Zeche Theresia in Witten-Bommern wurde 1728 erstmals urkundlich erwähnt und gilt damit als eine der ältesten südlich der Ruhr. Das denkmalgeschützte Bergwerk ging im Jahre 1892 „in Rente“ und wurde stillgelegt. Die Arbeitsgemeinschaft Muttenthalbahn, die 1986 aus dem Förderverein Bergbauhistorische Stätten Ruhrgebiet hervorging, bewahrte die Steinkohlezeche mit dem klangvollen Namen jedoch davor, in Vergessenheit zu geraten. Der Verein bezog sein Domizil auf dem Gelände und arbeitete lange Jahre hartnäckig daran, sie zu sanieren

Informationen

Gruben- und Feldbahnmuseum Zeche Theresia
Nachtigallstraße 27-33
58452 Witten
Tel. 0177 / 49 38 504
www.muttenthalbahn.de

Öffnungszeiten:
Täglich 10-18 Uhr, Winterpause im Februar und März

Kinder

- Teddybärentage, Halloween- und Nikolausfahrt u. a.

www.nrw-entdecken.de

Mit Unterstützung der NRW-Stiftung konnte eine Vorführstrecke durch das Muttental angelegt werden. Auch wurde der Bau einer Fahrzeughalle unterstützt.

Bahnhof Muttenthal.

Historische Signalanlage.

und ihre Gerätschaften in betriebsfähigem Zustand zu halten.

In der Lok-Ausstellungshalle und den Ausstellungsräumen können sich Gäste heute vom Gelingen des damaligen Vorhabens überzeugen. Zu besichtigen sind Diesel-, Elektro- und Pressluftlokomotiven, Förderwagen aus dem Bergbau, Loren aus dem Feldbahnbereich und natürlich „U-Boote", Personenwagen für die Öffentlichkeit. Gleichzeitig werden auf dem Gleisnetz an speziellen Besichtigungsterminen Fahrten mit den historischen Zügen angeboten. Dabei ist die alte Technik auf dem Weg zur Besucherzeche Nachtigall hautnah zu erleben.

Das familienfreundliche Angebot des Gruben- und Feldbahnmuseums findet großen Anklang, wie ein Blick in das dort ausliegende Gästebuch zeigt. Besonders gelobt werden die eindrucksvollen und etwas geheimnisvollen Nachtfahrten.

Ausstellung zur Geschichte der Muttenthalbahn.

Der Bahnhof liegt direkt an der Ruhr.

Heiden
Reken
Groß Reken
DÜLMEN
Gelsheide
(Sperrgebiet)
Hohe Mark
Borkenberge
(Sperrgebiet)
HALTERN
LÜDINGHAUSEN
Nordkirch
Olfen
Die Haard
Selm
DORSTEN
MARL
DATTELN
RECKLING-HAUSEN
OER-ERKENSCHWICK
WALTROP
LÜNEN
HERTEN
GLADBECK
-RAUXEL
GELSEN-KIRCHEN
CASTROP-
HERNE
DORTMUND
ESSEN
BOCHUM
WITTEN
HERDECKE
WETTER
HATTINGEN
SPROCK-HÖVEL
VELBERT
HAGEN
HEILIGENHAUS
GEVELSBERG
ENNEPETAL
SCHWELM
WÜLFRATH
METTMANN
WUPPERTAL
Breckerfeld
Schalksmühle
LÜDENS
RADEVORMWALD
HAAN
REMSCHEID
SOLINGEN
Halver
Hückeswagen
WERMELSKIRCHEN
1
2
3
4
5
6
7

IM NORDEN

ZWISCHEN BERGBAU UND LIPPEAUE

Der Norden des Ruhrgebiets hat zwei Gesichter, die unterschiedlicher kaum sein könnten. Einerseits ist hier, wo es mit den Bergwerken Prosper-Haniel in Bottrop und Auguste Victoria in Marl noch zwei aktive Zechen gibt, viel von der ursprünglichen Atmosphäre des Ruhrgebiets zu spüren. Viele Menschen leben in zumeist liebevoll restaurierten Zechensiedlungen. Als diese seit den 1960er Jahren abgerissen werden sollten, engagierten sich ihre Bewohner für den Erhalt und konnten sich meist auch durchsetzen. Im Rahmen der Internationalen Bauausstellung IBA Emscher Park von 1989 bis 1999 wurden viele der Siedlungen modernisiert. Heute sind alte Bergbaukolonien wie Bottrop-Welheim einen Besuch wert.
Die IBA Emscher Park hat die Lebensqualität im nördlichen Ruhrgebiet deutlich verbessert. Das

Bild oben:
Zwischen 1914 und 1923 in unmittelbarer Nähe der Zeche Welheim errichtet: die Gartenstadtsiedlung Welheim.

nächste Großvorhaben findet bereits statt: Bis 2020 wird die Emscher renaturiert. Das Abwasser verschwindet in einer gigantischen Röhre, und die Emscher und ihre Zuläufe werden zu einem stadtnahen Gewässersystem umgestaltet. Damit wird sich die Lebens- und Wohnqualität auch im Kern des Ruhrgebiets verbessern.

Grüne Lunge des Ruhrgebiets: die Haard mit ihren großen Waldgebieten.

Der Norden des Ruhrgebiets hat aber noch ein ganz anderes Gesicht, das eng mit dem nördlichsten Fluss des Reviers verbunden ist – der Lippe. Hier im Norden, an der Grenze zum Münsterland, ist die Region nicht mehr urban geprägt. Zwar wurden auch hier vielfach kleine Dörfer zu Städten zusammengefügt. Zwischen den Siedlungskernen und Ortsteilen liegen aber landwirtschaftlich genutzte Flächen und auch große Wälder wie die Haard. Historische Ortskerne wie der von Herten-Westerholt erinnern noch an die Zeit vor der Industrialisierung.

Für die Bewahrung der Natur in diesen Teilen des nördlichen Ruhrgebiets setzt sich vor allem die Biologische Station im Kreis Recklinghausen ein. In ihr engagieren sich verschiedene Verbände und Städte, um die Naturschutzgebiete und Biotope zu betreuen. Die Station dient aber auch als Anlaufstelle für Schulklassen und Jugendgruppen, die hier in Seminaren mehr über den Naturschutz erfahren können. Mit einem vielfältigen Angebot von Exkursionen in die Natur hilft sie den Schülern dabei, ihr Buchwissen durch konkrete Beobachtungen zu ergänzen.

Sehenswerter historischer Ortskern: Herten-Westerholt.

In die Vergangenheit führt ein Besuch von Schloss Horst in Gelsenkirchen. Über viele Jahrzehnte hinweg war das Renaissance-Schloss im gleichnamigen Gelsenkirchener Stadtteil dem Verfall preisgegeben. Das hat sich vor allem durch das Engagement der Bürger und der öffentlichen Hand geändert. Schloss Horst ist heute die gute Stube Gelsenkirchens. Im großen Saal finden regelmäßig Veranstaltungen und Kongresse statt, und manches Brautpaar gab sich schon im

Schloss das Jawort. Die Vergangenheit des Schlosses und das Leben der Menschen darin führt dem Besucher ein detailgenaues Modell vor Augen. Hier kann er einen Eindruck vom Alltag der Schlossbewohner gewinnen.

Mischung aus Parklandschaft und industriehistorischer Kulisse: der Nordsternpark in Gelsenkirchen.

Natürlich gibt es auch im nördlichen Ruhrgebiet zahlreiche Industriedenkmäler. Auf dem Gelände der ehemaligen Zeche Nordstern, nur wenige Minuten von Schloss Horst entfernt, fand 1997 die Bundesgartenschau statt. Seither hat sich der großzügige Park als beliebtes Ziel für Erholungsuchende etabliert. Eine Besonderheit ist das Amphitheater direkt am Rhein-Herne-Kanal. Hier finden im Sommer regelmäßig Konzerte statt. Auch Bob Dylan schaute schon einmal vorbei. Ein Besuchermagnet ist auch die Maschinenhalle der Zeche Zweckel in Gladbeck, die zu einem Spielort der Ruhrtriennale ausgebaut wurde. Der Perfomancekünstler und Regisseur Christoph Schlingensief ließ hier noch kurz vor seinem Tod sein Oratorium „Eine Kirche der Angst vor dem Fremden in mir" aufführen.

Kleinod der Industriekultur: die Zeche Zweckel in Gladbeck.

Ein wichtiges Zeugnis der Bergbauvergangenheit ist der Turm der Zeche Erin in Castrop-Rauxel. Das Bergwerk wurde 1867 von dem irischen Unternehmer William Thomas Mulvany gegründet. Mulvany gelang es als erstem, den Emschermergel zu durchbrechen, der als besonders harte Gesteinsschicht bis dahin allen Bohrern getrotzt hatte. Mit diesem entscheidenden Durchbruch schuf er die Voraussetzung für die Erschließung der nördlichen Kohlenfelder und damit indirekt auch für die Entstehung der Großindustrie im Revier, lagern dort doch die mächtigsten und qualitativ besten Kohlevorkommen. Während die Zeche Erin schon längst stillgelegt ist, wird im Norden des Ruhrgebiets noch immer Kohle gefördert, die Planungen sehen einen Abbau bis zum Jahre 2018 vor.

1 SCHLOSS HORST

■ Die NRW-Stiftung unterstützte die Herstellung des Modells „Baustelle Schloss Horst von 1565“.

Auf Ruinen noch älterer Höfe und Burgen entstand Mitte des 16. Jahrhunderts das in seiner Zeit hochmoderne Schloss Horst. Mit seiner Errichtung kam der niederländische Manierismus an die Emscher, eine dekorative Spielart der Renaissance. Die Anlage beeindruckte die Zeitgenossen mit seinem großzügigen quadratischen Aufbau, neuartigen Treppenhäusern und einem für damalige Verhältnisse sehr fortschrittlichen Entsorgungssystem. Im Laufe der Jahrhunderte erfuhr das Gebäude unterschiedliche Nutzungen, bis es schließlich zunehmend verfiel. Dank einem bürgerlichen Engagement zu seiner Erhaltung konnte der Architekt Prof. Jochem Jourdan ab Mitte der 1990er Jahre in einer geschickten Verbindung von alter Bausubstanz und modernen Anbauten Schloss Horst zu einem Kultur- und Bürgerzentrum umbauen, in dem auch ein Restaurant, das Standesamt und ein Museum Platz fanden.
Im Kulturhauptstadt-Jahr RUHR.2010 eröffnete hier die Ausstellung „Leben und Arbeiten in der Renaissance“, die die Schlossbaustelle um 1565 in einem mit viel Liebe zum Detail gestalteten Modell im Maßstab 1:40 anschaulich werden lässt. Auf einer Fläche von fast zehn Quadratmetern zeigt es eine Großbaustelle der Renaissance mit ihren vielen Gewerken und macht anschau-

Ansicht des Schlossmodells.

lich, mit welcher Geschicklichkeit Bauleute im 16. Jahrhundert eine solch komplexe Bauaufgabe bewältigten. Um dieses Szenario möglichst authentisch darzustellen, wurden zuvor akribisch neuere Erkenntnisse der Bau- und Bodenforschung, Ergebnisse aus jahrelangen archäologischen Grabungen, alte Zeichnungen und überlieferte Bauakten studiert. Demnächst daran anschließen wird ein zweiter Ausstellungskomplex, der sich mit den Lebensverhältnissen der Bauarbeiter und Handwerker in dieser Zeit auseinandersetzt.

An prominenter Stelle vertreten sind im Modell natürlich auch die damaligen Auftraggeber Rütger von der Horst, nach dem Schloss und Stadtteil benannt sind, und seine Gemahlin Anna von Palandt. Weitere geplante Themenbereiche, die die Dauerausstellung komplettieren, beschäftigen sich mit den repräsentativen Lebensverhältnissen des adligen Paars und der über 800-jährigen Geschichte der Burgen auf dem Schlossgrundstück.

Historische Renaissance-Fassade.

Informationen

Schloss Horst
Turfstraße 21
45899 Gelsenkirchen
Tel. 0209 / 169-61 63
www.schloss-horst-gelsenkirchen.de

Öffnungszeiten:
Mo-Fr 15-18 Uhr,
So 10-18 Uhr

Kinder

- Pädagogische Programme auf Anfrage, Kindergeburtstage

Schloss Horst gilt als wichtigster Renaissancebau des Ruhrgebiets.

2 ZECHE ERIN

Informationen
Erin Förder-Turm-Verein
Castrop-Rauxel e.V.
Thomasstraße 24
44575 Castrop Rauxel
Tel.: 02305 / 15529
(Klaus Michael Lehmann)

Hammerkopfturm Zeche
Erin 3
Bodelschwingher Straße

Fördergerüst Zeche Erin 7
Erinplatz
44577 Castrop-Rauxel

Die NRW-Stiftung hat die Bemühungen zum Erhalt der Fördertürme ERIN III und ERIN VII unterstützt.

Der Verfall der Steinkohlepreise und billiges Öl aus Nahost leiteten seit den 1950er Jahren den schon lange vorausgesagten Niedergang der Steinkohleförderung in Deutschland ein. Übertage-Anlagen wurden abgebrochen, Fördergerüste demontiert, ganze Zechenareale lagen brach. Mittlerweile werden viele ehemalige Zechenanlagen heute wieder genutzt – wenngleich nicht zur Kohleförderung. Die Ansicht, dass die alten Zechen im Revier markante Wahrzeichen sind und als Landmarken der Industrialisierungsgeschichte Aufmerksamkeit und Schutz verdienen, hat sich spätestens seit der Internationalen Bauausstellung IBA Emscher Park in den 1990er Jahren durchgesetzt.
Um den ursprünglichen Charakter des Ruhrgebiets nicht ganz in Vergessenheit geraten zu lassen und auch kommenden Generationen die historische Bedeutung des Bergbaus für diese Region zu vermitteln, hat der Erin Förder-Turm-Verein in Castrop-Rauxel die Initiative ergriffen und sich dafür stark gemacht, Förderanlagen auf dieser traditionsreichen Zeche zu erhalten. Im Jahr 2003 erhielt der Verein mit seinem Vorsitzenden Klaus-Michael Lehmann den „Wegweiser", die Auszeichnung des Fördervereins NRW-Stiftung für ehrenamtliches Engagement.
Dank der Bemühungen des Vereins konnte 1990 die Restaurierung des Fördergerüsts über dem Schacht 7 der Zeche Erin erfolgreich abgeschlossen werden. Der 1953 in Betrieb genommene, 68 Meter hohe Förderturm dominiert heute den nach der Stilllegung der Zeche im Jahr 1983 neu angelegten, rund 40 Hektar großen Dienstleistungs-, Gewerbe- und Landschaftspark. Auch der eindrucksvolle Hammerkopfturm von Schacht 3, der 1929 erbaut wurde und noch die ursprüngliche maschinelle Ausrüstung enthält, konnte erhalten werden. Gemeinsam mit der Zeche Teutoburgia in der Nachbarstadt Herne bilden die beiden Industriedenkmäler weiterhin eine prägende räumliche Einheit und

dokumentieren so ein Stück Bergbaugeschichte im Revier.
Der Name von Zeche Erin ist mit einem der großen Wegbereiter der Industrialisierung im Ruhrgebiet verbunden: mit dem Iren William Thomas Mulvany, der sie – neben Hibernia in Gelsenkirchen und Shamrock in Herne – 1866 gründete und auf den keltischen Namen seiner Heimat taufte. Auf besonders stilvolle Weise wird an diesen Pionier der Kohleförderung am Hammerkopfturm erinnert, indem dort ein keltischer Baumkreis gepflanzt wurde.

Der Hammerkopfturm wurde 1929 über Schacht 3 errichtet und ist der älteste seiner Art in Nordrhein-Westfalen.

Das 68 Meter hohe Hauptfördergerüst von Schacht 7 prägt noch heute das Stadtbild Castrop-Rauxels.

3 BIOLOGISCHE STATION ÖSTLICHES RUHRGEBIET

Die Natur erobert das Ruhrgebiet zurück. So sehr die Menschen unter der Schließung von Zechen und Fabriken in den letzten Jahrzehnten gelitten haben, die Natur hat davon profitiert. Manche früher industriell genutzte Fläche hat sie sich seither zurückerobert – oder sich dort mindestens wohnlich eingerichtet. Seltene Vögel nisten in alten Fabrikgebäuden, Wasserschildkröten und Fische bevölkern die Bergsenkungsseen, und selbst auf alten Mülldeponien sprießen Blumen und Sträucher. Die Biologische Station östliches Ruhrgebiet erforscht und schützt diese wiedererwachte Natur, die sich in der Industrieregion ihre Nischen gesucht hat, und fördert die Begrünung der Städte.
Die Station ist ein Gemeinschaftsprojekt von Naturschutz und öffentlicher Hand. Der Trägerverein setzt sich aus den Städten Herne und Bochum, den Organisationen NABU und BUND, der Emscher Genossenschaft, dem Regionalverband Ruhrgebiet und dem Naturschutzzentrum

Informationen
Biologische Station
östliches Ruhrgebiet
Haus der Natur
Vinckestr. 91
44623 Herne
Tel. 02323 / 5 55 41
www.biostation-ruhr-ost.de

Kinder
- Exkursionen

www.nrw-entdecken.de

Was wohl im Wasser so alles lebt?

Zum Programm der Biologischen Station gehört auch die Erkundung der Natur vor der Haustür.

■ Die NRW-Stiftung unterstützte die Einrichtung der Biologischen Station.

Herne zusammen. So ist eine dauerhafte Partnerschaft entstanden, die für beide Seiten viele Vorteile hat, denn die Biologische Station ist ein kompetenter Berater für die Fachbehörden. Wenn etwas gebaut, abgerissen oder verlegt werden soll, sprechen die Mitarbeiter der Station mit ihren fundierten Kenntnissen über die Pflanz- und Tierwelt der Region ökologische Empfehlungen aus.

Damit diese Empfehlungen immer auf dem neuesten Stand der aktuellen Entwicklung basieren, ist eine zentrale Aufgabe der Station die regelmäßige Erhebung wissenschaftlicher Basisdaten zur Flora und Fauna. Dies reicht von vegetationskundlichen Geländeaufnahmen über Brutvogelkartierungen bis zur biologischen Bestimmung der Gewässergüte. Die Entwicklung vieler umgestalteter Flächen wird systematisch beobachtet und protokolliert. Alle Ergebnisse dieses differenzierten Monitorings werden in das Geographische Informationssystem der Biologischen

Station eingepflegt und dienen als Grundlage zur Projektierung neuer Pflege- und Entwicklungskonzepte.
Eine wichtige Aufgabe ist aber auch, den Kontakt mit den Menschen der Region herzustellen und zu pflegen. Zu diesem Zweck wurde unter anderem der Erlebnispfad „Glückauf Natur!“ eingerichtet, der über zwei ehemalige Zechengelände führt und den staunenden Ruhrgebietlern vor Augen führt, wie die Natur Bergehalden, Koksofenbatterien und Gleisanlagen zurückerobert und mit neuem Leben füllt.
Das Thema „Industrienatur“ spielt auch bei dem Projekt „Wildnis für Kinder“ eine zentrale Rolle: Auf dem Werksgelände der ehemaligen Maschinenfabrik Beien sollen Kinder selbstbestimmte Erfahrung mit einer Natur machen können, die sich spontan nach eigenen Gesetzen entwickelt. Das spannende Projekt ist noch im Aufbau und wird von der NRW-Stiftung und der Bauckloh-Stiftung finanziell unterstützt.

Der Blick durchs Mikroskop fasziniert auch kleine Forscher.

Im Umgang mit der Natur sollen alle Sinne angesprochen werden, auch ungewöhnliche Projekte wie „Malen mit Feuer“ gehören dazu.

4 ZECHE TEUTOBURGIA

Informationen
Kunstwald Zeche Teutoburgia
Schadeburgstraße
44627 Herne-Börnig
www.kunstwald.de

Förderverein Teutoburgia e.V.
Elisestraße 3
44628 Herne

Die NRW-Stiftung hat den Erin-Förder-Turm-Verein e.V. dabei unterstützt, den Förderturm und die Maschinenhalle der Zeche zu restaurieren.

Dass hier nach dem „schwarzen Gold“ des Ruhrgebiets gegraben wurde, liegt nun schon Jahrzehnte zurück. Seit 1925 stehen die Förderkörbe der Zeche Teutoburgia in Herne still. Künstler haben die Ruine aus ihrem langen Dornröschenschlaf wachgeküsst. Rund um Förderturm und Maschinenhalle entstand in den letzten Jahren ein Park, der die Sinne stimuliert. Am Südrand des Landschaftsparks Bladenhorst liegt dieser „KunstWald“, in unmittelbarer Nähe zur Gartenstadt Teutoburgia, einer der schönsten erhaltenen Arbeitersiedlungen des Ruhrgebiets. Initiator des Projekts war der Klangbildhauer Christof Schläger. Er hatte die Idee, ein Stück Wald auf dem Zechengelände der Kunst zu widmen. Bereits 1987 gründete er den Förderverein Teutoburgia e.V., der sich für den Erhalt der historischen Zechenanlagen engagiert und Kunstprojekte auf dem Gelände realisiert. Schläger fand offene Ohren beim Kommunalverband Ruhrgebiet (KVR), der 1992 das Zechengelände erwarb. Wenig später begann der Verband mit der kreativen Ausgestaltung des Parks, an der sich insgesamt zehn Künstler beteiligten.

Im kreativ gestalteten „KunstWald“ gibt es viel zu entdecken. Der von Karin Kahlhofer gestaltete Aufenthaltsort „Obelisk“ hat einen alten Entgasungsschacht der ehemaligen Zeche zum Mittelpunkt. In einem Kreis von acht Zypressen laden ebensoviele kubische Sitzsteine zum meditativen Verweilen ein. Künstlich angelegte Duftgärten locken mit intensiven Aromen von Rose, Minze, Zitronenkraut, Melisse und Baldrian die Besucher an. Der beißende Ruß und Qualm, der hier einst in der Luft lag, ist nur noch schwer vorstellbar. Über das gesamte Gelände verstreute „Zitatensteine“ regen die Phantasie an. Vor allem aber die eindrucksvollen Installationen der Künstler verleihen der Zeche ein ganz neues Gesicht. Damit jedoch auch die historischen Wurzeln nicht in Vergessenheit geraten, wurden die Bergbaurelikte sorgfältig restauriert.

Grüne Kunst: die Drahtgitterskulptur „Fußgänger“ von Monika Günther und Manfred Walz.

Der restaurierte
Förderturm der
Zeche Teutoburgia.

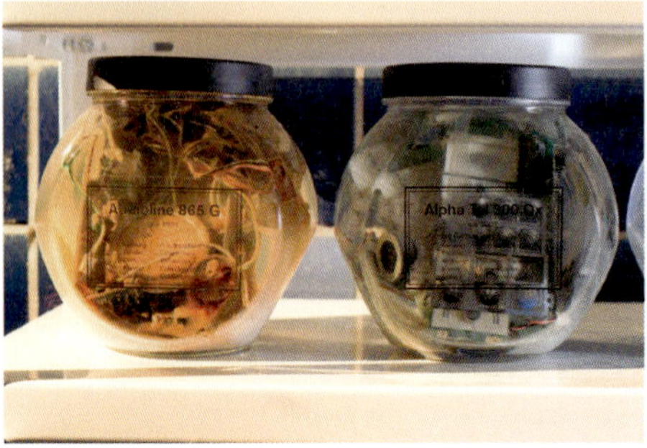

Im Programm: Ausstellungen ...

1991 war dieses Werk vollendet, Förderturm und Maschinenhalle erstrahlen seither als Denkmäler der Industriegeschichte in neuem Glanz. Und die restaurierte Maschinenhalle wird regelmäßig zum Schauplatz von Kunst- und Musikprojekten.

Ein besonderes Highlight sind Konzertwochenenden, bei denen die Zuhörer auf eine Entdeckungstour in unbekannte musikalisch-künstlerische Welten geführt werden. Klangmaschinen und Installationen werden auf der Bühne zusammengeführt, um eigens hierfür komponierte Werke zur Uraufführung zu bringen. Auf dem Programm stehen zum Beispiel elektronische Sequenzen von Luc Ferrari, die der Klangkünstler Christof Schläger von einem Orchester aus eigens von ihm konstruierten Instrumenten begleiten lässt. Und auch die Klanginstallationen des niederländischen Künstlers Bram Vreven vermitteln ganz außergewöhnliche akustische Erlebnisse.

... und Perfomances.

5 MARTIN LUTHER FORUM

Martin Luther Forum.

Auch im Ruhrgebiet sind die Kirchen auf dem Rückzug. Ob katholisch oder evangelisch, viele Gemeinden verlieren immer mehr Mitglieder und werden zusammengelegt. Viele Kirchen mussten aufgegeben und einer profanen Nutzung zugeführt werden. Doch manche Gläubige leiden sehr unter dieser Entwicklung. Das im Sommer 2008 ins Leben gerufene Martin Luther Forum in der 1966 erbauten Markuskirche in Gladbeck-Ost will demgegenüber ein Zeichen setzen. Es hat hier ein kulturelles Zentrum entwickelt, das sich wie ein „Fels in der Brandung" gegen diese Entwicklung stellt und damit ein Zeichen der Hoffnung geben soll und weit über das Ruhrgebiet hinaus ausstrahlt. Ziel des bürgernahen Forums ist es, „das kulturelle Erbe der Reformation im Ruhrgebiet lebendig und erlebbar zu machen".

Informationen

Martin Luther Forum
Bülser Str. 38
45964 Gladbeck
Tel. 02043 / 7 84 97 12
www.lutherforum-ruhr.de

Mit Unterstützung der NRW-Stiftung konnte im Martin Luther Forum Ruhr die Dauerausstellung über die 150-jährige Geschichte der Reformation im Ruhrgebiet eingerichtet werden.

Kirchenfenster mit der Luther-Rose, dem privaten Wappen des Reformators.

Die Markuskirche mit den anliegenden Gebäuden, mit einem großen und einem kleinen Saal und einer Ausstellungsfläche von über 200 Quadratmetern bietet einen angemessenen Ort für die vielfältigen Aktivitäten des Forums.
Die Ausstellungsräume wurden geschaffen, um den Besuchern das Thema „Reformation und Ruhrgebiet" nahezubringen. Auf vier Ebenen bietet die modern mit Medien-, Audio- und Lichttechnik ausgestattete Dauerausstellung Einblicke in die Entwicklungslinien der Reformation im Revier. Mentalitäts-, Sozial-, Wirtschafts- und Alltagsgeschichte, Traditionen und Herkunft der Zuwanderer, protestantische Ethik der Unternehmer und Lebensläufe bedeutender evangelischer Politiker aus dem Ruhrgebiet sind nur einige Themen, die den Besucher hier erwarten. Präsentiert werden Ausstellungsstücke von der Frühzeit der Reformation bis ins 21. Jahrhundert. Von ähnlichen Ausstellungen, die die Reformation in einem nationalen oder europäischen Rahmen darstellen, hebt sich diese Ausstellung durch ihre regionale Akzentuierung ab.
Das Foyer wurde zu einem Café- und Shop-Bereich ausgebaut. Der ehemalige Gemeindesaal

dient nun als kleiner Saal für Bildungsveranstaltungen, während der große Kirchenraum für kulturelle und thematische Veranstaltungen des Forums zur Verfügung steht. Symposien, Vorträge und Werkstatt-Angebote stehen hier für den Anspruch des Zentrums, „Plattform für den Dialog“ zu sein. Darüber hinaus finden im Martin Luther Forum regelmäßig auch Konzerte statt.

Blick in die Ausstellungsräume im Forum.

SEHENSWERT

Wasserschloss Wittringen

Erstmals im Jahre 1263 als Besitztum des Ritters Ludolph von Wittringen erwähnt, wurde der Adelssitz in der Folgezeit mehrfach verändert. Später im Besitz der Adelsfamilien von Oefte, van der Capellen und von Vittinghoff-Schell, verfiel die Anlage in einen ruinösen Zustand. 1922 wurde das Schloss von der Stadt Gladbeck erworben und im nachempfundenen Renaissancestil umgebaut. Das Wasserschloss Wittringen ist die gute Stube Gladbecks. Der nahegelegene Stadtpark lädt zu ausgiebigen Spaziergängen ein. Im Schloss befinden sich mehrere Cafés und Restaurants sowie das Heimatmuseum der Stadt Gladbeck.

■ Informationen

Wasserschloss Wittringen
Burgstraße 64
45964 Gladbeck
www.wasserschloss-wittringen.de

Durch die Erweiterung des Museums entstanden ca. 200 Quadratmeter neue Ausstellungsflächen und ein Veranstaltungssaal, ein großzügiges Foyer und ein Bibliotheksanbau.

Informationen
Jüdisches Museum Westfalen
Julius-Ambrunn-Straße 1
46282 Dorsten
www.jmw-dorsten.de
Tel. 0 23 62 / 45 27 9

Die NRW-Stiftung half beim Kauf von Ausstellungsstücken für das Museum.

Der 1989 entdeckte „Bottroper Bücherfund" beinhaltet etwa 150 jüdische Bücher u.a. zur Liturgie und zum Zionismus.

6 JÜDISCHES MUSEUM WESTFALEN

Im Zentrum von Dorsten befindet sich in einem Gebäude aus der Jahrhundertwende seit 1992 das Jüdische Museum Westfalen, seit 2001 ist es durch einen Anbau erweitert. Schwerpunkt in den Ausstellungsbereichen des Museums ist die Präsentation jüdischer Traditionen. Der Gang durch die Museumsräume orientiert sich am religiösen Festkreis. Hier erfährt der Besucher, welche Feiern den jüdischen Jahreskreis gliedern und welche Zeremonien neue Lebensabschnitte eines jüdischen Gläubigen einläuten. Bücher, liturgische Gegenstände und andere Kostbarkeiten erwarb der Trägerverein des Museums bei jüdischen Händlern unter anderem in London, Wien und Israel. Die Dauerausstellung widmet sich aber auch ganz konkret der Geschichte der Juden in Westfalen, die mit dem Holocaust im Dritten Reich ihr Ende fand – hierfür werden auch etliche Einzelschicksale vorgestellt.
Das Museum ist zugleich Begegnungsstätte und Studienzentrum: Es verfügt über eine umfangreiche Bibliothek und Veranstaltungsräume für Kurse und Seminare, die sich mit der jüdischen Kultur beschäftigen.

7 KULTURFORUM WALTROP

Die Kirchengemeinde sah wohl keinen anderen Ausweg, als die Waltroper Krankenhauskapelle der Abrissbirne zu opfern. Das alte Hospital war schon 1984 einem Neubau gewichen, jetzt sollte nach dem Wunsch der Gemeinde St. Peter, des Krankenhausträgers, auch die verfallende Kapelle abgerissen werden. Einige Waltroper Bürger konnten dem nicht tatenlos zusehen und gründeten den Verein „Pro Kapelle". Was mit ihrem Engagement inzwischen erreicht wurde, hat nach anfänglicher Gegnerschaft nun auch den Beifall der Gemeinde St. Peter gefunden: Aus der baufälligen Kapelle wurde ein liebevoll restauriertes, lebendiges Kulturforum.

Untrennbar ist die Kapelle, die der spätere Kölner Dombaumeister Bernhard Hertel 1898 errichtet hatte, mit der Geschichte des Bergbaustädtchens Waltrop verbunden. Mit seiner Nonnenempore erinnert der seit 1986 denkmalgeschützte Sakralbau an das Wirken des Franziskanerinnenordens in Waltrop zur Zeit des industriellen Aufschwungs in der Region. Schritt für Schritt gelang es dem Verein mit viel Eigenleistung, den Verfall dieses neugotischen Kleinods zu stoppen, die Bausubstanz zu erhalten und das Innenleben zu rekonstruieren. „Wir haben die Innenausstattung nicht in altem Stil wiederhergerichtet, haben aber versucht, die damals verwendeten Farben wieder aufzugreifen", sagt der Vorsitzende von „ProKapelle", Wilhelm Tolksdorf. Schmuckstück der Kapelle sind die ebenfalls aufwendig restaurierten Buntglasfenster mit ihrer Mischung aus Neoklassizismus und Jugendstil.

Mit Unterstützung der NRW-Stiftung wurde schließlich ein Kulturforum in der alten Kapelle eingerichtet. Hier finden regelmäßig Konzerte, Lesungen, Vortrags- und Theaterveranstaltungen statt, aber auch die Musikschule Waltrop und natürlich der Verein „ProKapelle" haben in den über 100 Jahre alten Mauern eine bleibende Heimstatt gefunden. Und an die Abrissbirne denkt in der Kirchengemeinde heute niemand mehr.

Informationen

Kulturforum Kapelle Waltrop
Hochstraße 20
45731 Waltrop
www.kulturforum-kapelle-waltrop.de

Kinder

- Regelmäßiges Angebot von klassischen Konzerten und Lesungen

Die NRW-Stiftung unterstützte die Einrichtung der alten Waltroper Krankenhauskapelle als Kulturforum.

Die alte Waltroper Krankenhauskapelle beherbergt heute das Kulturforum Waltrop.

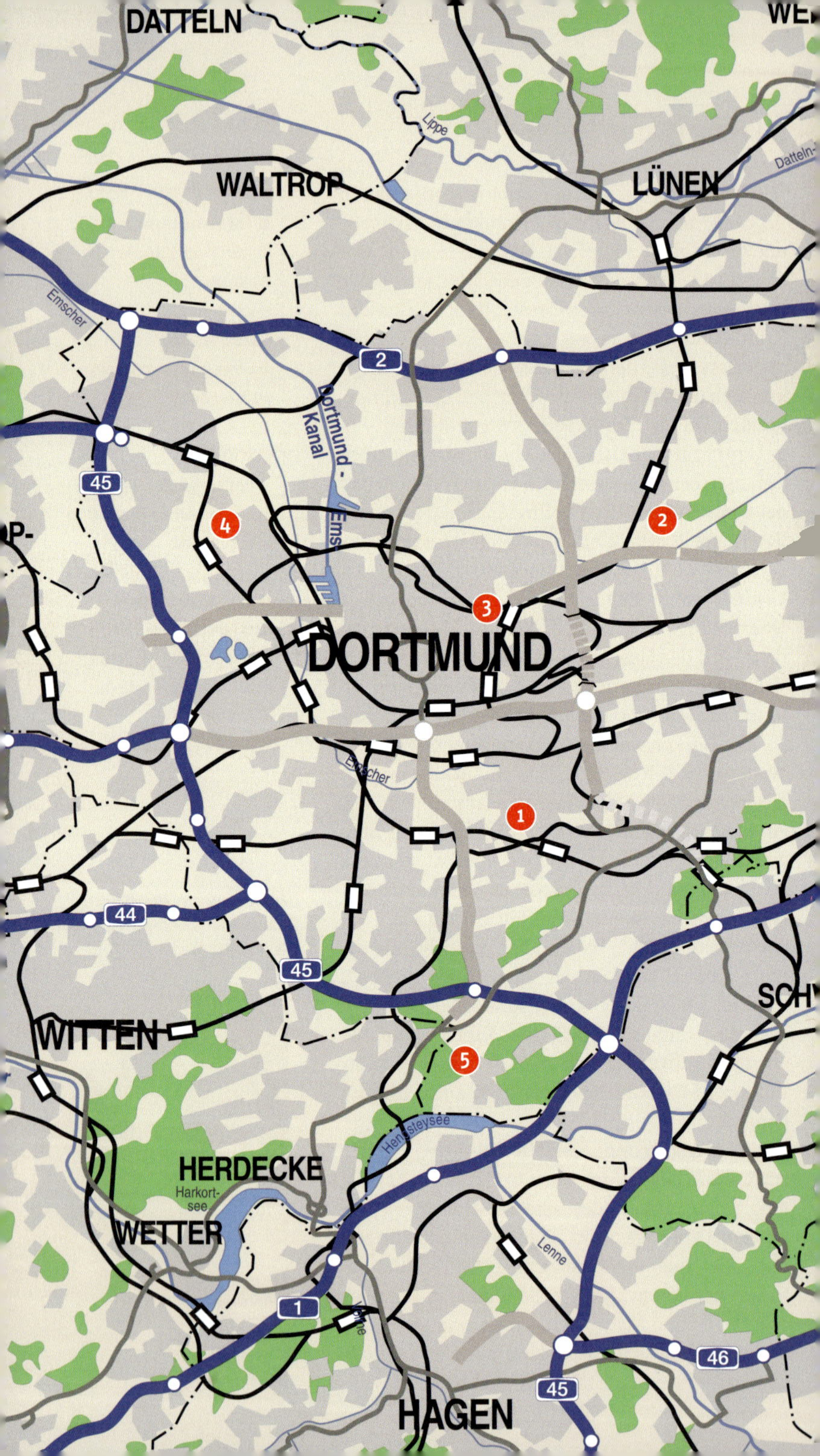
DATTELN
WALTROP
LÜNEN
Lippe
Datteln-
Emscher
2
Dortmund-Ems-Kanal
45
4
2
3
DORTMUND
Emscher
1
44
45
WITTEN
SCH
5
Hengsteysee
HERDECKE
Harkort-see
WETTER
Lenne
1
46
45
HAGEN

DORTMUND

DAS GANZE RUHRGEBIET IN EINER STADT

Die größte Stadt der Region ist beinahe so etwas wie die Kompaktausgabe des Ruhrgebiets. Nahezu von allem, was das Revier ausmacht, findet sich etwas auch in Dortmund – kulturell, landschaftlich und touristisch. Im Süden ist Dortmund hügelig, fällt zur Ruhr ab. Man spürt die Nähe zum Bergischen Land und zum Sauerland. Tiefe Wälder prägen die Landschaft. Wer hier wohnt, lebt im Grünen. Die vornehmeren Stadtteile Dortmunds liegen hier, wie Lücklemberg, Kirchhörde oder Syburg. Nicht nur die bekannte Spielbank hat hier ihr Zuhause, auch ein ambitioniertes Freilufttheater liegt ganz in der Nähe der hoch über der Ruhr thronenden Burgruine Hohensyburg, die dem Stadtteil seinen Namen gab. Auf der Naturbühne begeistern 120 Aktive mit ihren Aufführungen sowohl Erwachsene als auch Jugendliche und Kinder.

Bild oben:
Besuchermagnet: die Ruinen der frühmittelalterlichen Hohensyburg.

Altes Wahrzeichen, neuer Leuchtturm: das zum Kunstzentrum umgebaute Dortmunder U.

Seit im Kulturhauptstadtjahr 2010 das Dortmunder U der Öffentlichkeit übergeben wurde, beherbergt der Turm ein Zentrum der Kreativwirtschaft. Gleich mehrere Museen und Galerien teilen sich das ehemalige Brauereigebäude, seit seiner Errichtung im Jahr 1968 eins der bekanntesten Wahrzeichen der Stadt. Weithin sichtbar sind, vor allem in der Nacht, die Videoinstallationen, die der Regisseur und Filmkünstler Adolf Winkelmann entworfen hat. Winkelmann ist auch im Inneren des Turms mit seiner Kunst präsent. Wer mit den Rolltreppen hinauf zum Restaurant View fährt, wird dort von seinen stimmungsvollen Videoinstallationen im Treppenhaus gefangengenommen. Schon sie alleine sind ein Grund, den U-Turm zu besuchen.

Meisterwerk spätgotischer Baukunst: der Chor der St. Reinoldikirche.

Aber die Innenstadt hat natürlich noch manches mehr zu bieten. Schließlich ist Dortmund eine der reizvollsten Einkaufsstädte des Ruhrgebiets. Und wer vom Shoppen erschöpft ist, kann sich in einem der zahllosen Restaurants, in Cafés und Kneipen entspannen. Für den Abend bietet sich ein Besuch im Theater Dortmund an. Es ist – mit Schauspiel, Oper, Ballett, einem Kinder- und Jugendtheater und großem Orchester – das einzige Fünf-Sparten-Haus des Ruhrgebiets.

Lohnend ist immer wieder ein Rundgang durch den Westfalenpark, die grüne Lunge der Stadt. Auf dem weitläufigen Gelände neben der B1 fand schon dreimal die Bundesgartenschau statt. Der Park ist ein Treffpunkt für die ganze Familie, aber auch ein wichtiger Ort für Kulturveranstaltungen. Zigtausende Besucher lockt zum Beispiel alljährlich das Festival „Juicy Beats" an, dank der besonderen Atmosphäre des Westfalenparks bei Nacht vielleicht einer der stimmungsvollsten Open-Air-Events der Republik. Am Nordrand des Parks steht „Florian", der weithin sichtbare Fernsehturm. Und Fußballfans strömen hierher, um im „Signal Iduna Park" die Mannschaft von Borussia Dortmund bei ihren Heimspielen anzufeuern.

Das Kreuzviertel mit seinen renovierten Altbauten und vielen kleinen Galerien und Cafés oder die Nordstadt mit ihrem herben Charme sind Beispiele für die abwechslungsreiche Vielfalt von Dortmunds Stadtteilen. In der Nordstadt findet sich der größte Kanalhafen Europas. Ganz im Norden wird Dortmund dann sehr grün. Hier spürt man schon die Nähe zum Münsterland. Zahlreiche Dörfer wurden in den vergangenen hundert Jahren eingemeindet. Viele von ihnen konnten ihren Charakter als ländliche Gemeinden bewahren, umgeben von Feldern und doch Teil der größten Stadt des Ruhrgebiets. Vor allem junge Familien zieht es hierhin.

Musiktempel mit überregionalem Renommee: das Konzerthaus Dortmund.

Zur Dortmunder Bergbaugeschichte gehört auch die Alte Kolonie Eving, die zwischen 1898 und 1900 für die Bergleute der nahegelegenen Zeche Minister Stein errichtet wurde.

1 NATURSCHUTZHAUS IM WESTFALENPARK DORTMUND

Informationen
AGARD
Naturschutzhaus im Westfalenpark
An der Buschmühle 3
44139 Dortmund
Tel. 0231 / 12 85 90
www.agard.de

Öffnungszeiten
Mo-Fr 10-18 Uhr
(im Winter 10-17 Uhr),
Sa/So 12-18 Uhr

Öffnungszeiten Florianturm:
Di-Fr 15-20 Uhr,
Sa/So/Fei 12-20 Uhr,
Mo geschlossen.

Kinder
• mondo mio! Kindermuseum, Spielplätze

Mithilfe der NRW-Stiftung konnte das AGARD-Naturschutzhaus im Westfalenpark errichtet werden.

Auf dem Gelände des ehemaligen Kaisergartens entstand 1959 zur Bundesgartenschau auf einer Fläche von 75 Hektar der Westfalenpark mit dem Rosarium, einer Rosenpflanzung mit rund 2.600 verschiedenen Sorten und Arten, und dem Florianturm mit dem ersten Drehrestaurant dieser Art in luftiger Höhe. In den Ruhrgebietsstädten war damals der Himmel noch grau vom Ruß der Hochöfen und Kokereien. Desto begehrter waren zu den Wochenenden und in der Ferienzeit Parks wie dieser, als Naherholungsgebiete für die ganze Familie. Hier flanierten die Dortmunder, hier trafen sich verliebte Pärchen in lauschigen Ecken, hier genoss man Eis mit Sahne unter freiem Himmel, lange bevor es üblich war, im Sommer Tische vor Restaurants und Kneipen zu stellen.
Eine über Dortmunds Grenzen hinaus bekannte Sehenswürdigkeit ist der 220 Meter hohe Fernsehturm, im Volksmund schlicht „Florian" genannt. Nach seiner Fertigstellung war er für eine Weile das höchste Gebäude Deutschlands. Jeder im Ruhrgebiet wollte einmal dort oben bei Kaffee und Kuchen die überwältigende Aussicht genossen haben.
Wer lieber festen Boden unter den Füßen hat, dem wird im Westfalenpark einiges geboten: Prächtige Staudengärten, fremdländische Gewächs- und Baumarten, Teichanlagen, Wiesenflächen und Wasserspielplätze laden zum Betrachten und Verweilen ein. Wer das Gelände nicht zu Fuß abwandern möchte, kann mit der Schienenkleinbahn fahren, per Tretboot oder Floß die Gegend erkunden oder sich von einem der acht gastronomischen Betriebe verwöhnen lassen. Im Winter kann man auf den zugefrorenen Wasserflächen Eislaufen und auf einer eigens angelegten „Park-Loipe" sogar Langlaufen. 1969, zur zweiten Bundesgartenschau im Park, errichtete der Architekt Günter Behnisch hier sein ebenfalls berühmt gewordenes Sonnensegel, um

die Belastbarkeit einer solchen Deckenkonstruktion zu erproben, die er dann drei Jahre später beim Bau des Münchner Olympiastadions in weit größerem Maßstab erfolgreich wiederholen sollte. Bis heute ist die Wiese unter dem Segel ein beliebter Treffpunkt und Veranstaltungsort vieler Partys und Konzerte.

Besuchenswert ist auch das AGARD-Naturschutzhaus. Es wurde während der dritten und vorläufig letzten Bundesgartenschau in Dortmund 1991 eröffnet. In dem nach baubiologischen Grundsätzen errichteten Naturschutzhaus, umgeben von einem Teich, einer Wildblumen- und einer Streuobstwiese, erhalten Besucher kostenlose Information und Beratung zu nahezu allen Naturschutzthemen, zum Klimaschutz und zur Agenda 21, dem umweltpolitischen Aktionsprogramm der Vereinten Nationen.

Außerschulischer Lernort für Themen des Natur- und Umweltschutzes: das AGARD-Naturschutzhaus.

Rundblick über
den Westfalenpark
Dortmund.

2 HOESCH-MUSEUM

Informationen
Hoesch-Museum
Eberhardstr. 12
44145 Dortmund
Tel. 0231 / 8 44 58-56
www.hoeschmuseum.dortmund.de

Öffnungszeiten:
Di/Mi 13-17 Uhr,
Do 9-17 Uhr, So 10-17 Uhr,
Mo/Fr/Sa geschlossen

Kinder
- Großes Museumspädagogisches Angebot, spezielle Führungen für Schulklassen

www.nrw-entdecken.de

Die NRW Stiftung hat den Förderverein Freunde des Hoesch-Museums dabei unterstützt im Torhaus der ehemaligen Westfalenhütte das Museums zur Stahl- und Firmengeschichte einzurichten.

„Sach, dat dat nich wahr is!“ Tiefe Betroffenheit herrschte bei vielen Dortmundern, als vor neun Jahren chinesische Arbeiter die Produktionsanlagen der „Westfalenhütte“ abbauten und große Teile davon nach Fernost verschifften. Ein dramatischer Umbruch wurde damit endgültig besiegelt: Kurz vor der Jahrtausendwende war der in Dortmund ansässige Hoesch-Konzern in der ThyssenKrupp Stahl AG aufgegangen, und die Hochöfen in der Stadt wurden für immer stillgelegt. Im Hoesch-Museum kann man die Dortmunder „Stahlzeit“ noch einmal Revue passieren lassen – und dabei sogar einen Blick in die Zukunft werfen.
Die Geschichte der Stahlkocherei besteht nicht nur aus „heißen Eisen“. In den Vitrinen des Hoesch-Museums findet sich jedenfalls so mancher Gegenstand, der den Betrachter nicht unbedingt an glühende Hochöfen erinnert. Eine hölzerne Spielzeuglokomotive? Ein Strickjäckchen und ein Mützchen in Babygröße? Das sollen Zeugnisse aus der Geschichte eines Konzerns sein, der sich seinen Namen unter anderem mit Stahlträgern, Eisenbahnschienen und Bauteilen für Maschinen und Schiffe gemacht hat?
Die Antwort lautet ja. Zur Unternehmensphilosophie von Hoesch gehörte es schon früh, Arbeiter und Angestellte durch vielfältige Sozialleistungen an sich zu binden. Die Firma richtete daher für ihre Beschäftigten schon vor über hundert Jahren Kranken- und Pensionskassen ein, kümmerte sich um bezahlbaren Wohnraum und sorgte zudem – von der Leihbücherei bis zur Sportanlage – für eine ganze Palette an Kultur-und Freizeitangeboten.
Nicht nur das Leben der unmittelbaren Belegschaftsmitglieder, auch der Alltag ihrer Familien und vor allem ihres Nachwuchses wurde auf diese Weise von Hoesch entscheidend mitgeprägt. So manches Baby verträumte schon seine ersten Lebensmonate in der für Neugeborene gestifteten „Erstlingsausstattung“. Und so manches „Miki“ – sprich: Mitarbeiterkind – spielte fröhlich im

Bereits das Entree verweist auf die Stahl-Geschichte.

Exponate aus 160 Jahren Stahlgeschichte.

werkseigenen Kindergarten, aus dem die um 1950 angefertigte Holzlokomotive stammt, die heute im Museum steht.

Hoesch-Mikis gibt es heutzutage nicht mehr, weil es Hoesch nicht mehr gibt. „Alten Hoeschianern" kann man in Dortmund aber durchaus noch begegnen. Von ihnen heißt es mit liebevollem Spott, sie würden ohnehin nicht sterben, sondern allerhöchstens wegrosten. Wobei man rosten aber nicht mit rasten verwechseln sollte. Denn dem engagierten „Unruhestand" ehemaliger Konzern-Mitarbeiter verdankt schließlich auch das Hoesch-Museum seine Gründung. Als Förderverein organisiert, haben die „Freunde des Hoesch-Museums" dabei mit der Stadt Dortmund und vor allem auch mit der ThyssenKrupp Stahl AG kooperiert, von der die Ausstellungsräume mietfrei zur Verfügung gestellt wurden.

Untergebracht ist das im Oktober 2005 eröffnete Hoesch-Museum im einstigen „Portierhaus" der Westfalenhütte in der nördlichen Innenstadt. Unweit der alten Portierloge, die heutzutage als Museumsshop dient, erinnern die Zifferntafeln der Markenkontrolle noch immer an die vielen Arbeiter, die hier früher aus- und eingingen. Um der Wahrheit die Ehre zu geben: Bisweilen landete der eine oder andere auch schon mal im „Bittermann" – einer Arrestzelle, die sich direkt hinter der Portierloge befand. Denn dort wurden „Randalierer und Störenfriede, die meist unter Alkoholeinfluss sich und andere gefährdeten", von der Werkpolizei festgesetzt.

Mehr als 15.000 Menschen arbeiteten Mitte der 1960er Jahre auf der Westfalenhütte, rund 40.000 Beschäftigte waren es insgesamt an den verschiedenen Dortmunder Stahlstandorten. Welche Schwerstarbeit dort geleistet wurde, davon kann sich der Besucher im Hoesch-Museum einen kleinen Eindruck verschaffen, indem er einen der meterlangen „Probenlöffel" zur Hand nimmt, die der Entnahme glühender Schmelzproben dienten. Das Anheben eines solchen Löffels erfordert erhebliche Kraft – obwohl er noch nicht einmal gefüllt ist.

Bequemer hat man es da schon an der modernen Multimediastation, die einen umfassenden Überblick über die technischen und organisatorischen Abläufe in einem Stahlwerk ermöglicht. Aber auch die historischen Grundlagen der Stahlerzeugung lernt der Museumsbesucher kennen – so insbesondere den Puddelofen, der 1784 von dem Engländer Henry Cort erfunden wurde. Das Puddeln erlaubte es erstmals, bei der Stahlproduktion in größerem Stil Steinkohlekoks statt der bis dahin üblichen Holzkohle einzusetzen. Damit war eine technische Wende eingeleitet, die gerade für das an Steinkohle so reiche Ruhrgebiet kaum überschätzt werden kann. Die ersten Puddelöfen – und auch ihre Nachfolger, die „Bessemer-Birnen" – wurden in Dortmund übrigens schon lange betrieben, bevor hier von der Firma Hoesch erstmals die Rede war. Bereits 1841 war mit der von Hermann Diedrich Piepenstock in Hörde gegründeten Hermannshütte der Startschuss zur Dortmunder Stahlzeit gefallen.

Es dauerte danach noch über dreißig Jahre, bis auch das Eisen- und Stahlwerk der Familie Hoesch seinen Betrieb aufnahm – und sich damit das Unternehmen in Dortmund etablierte, das nach und nach die gesamte Stahlproduktion der Stadt unter seinem Namen vereinigen sollte.

Gründer Leopold Hoesch.

Fabrik-Modell.

Firmengeschichte von der Ledertasche bis zum Werksmodell.

25.000 Besucher und über 600 Führungen hat es allein zwischen Oktober 2005 und Oktober 2007 im Hoesch-Museum gegeben. Dieser erfreuliche Zuspruch wäre ohne das Engagement von knapp sechzig ehrenamtlichen Mitarbeitern nicht zu bewältigen gewesen. Neben waschechten Hoeschianern finden sich darunter auch Lehrer, Pfarrer, Professoren und Vertreter vieler anderer Berufe. Nur Kurator Michael Dückershoff bekleidet im Museum bislang eine bezahlte Stelle. Er dürfte damit, um im Bild zu bleiben, gewissermaßen der erste „Hoesch-Manager" sein, der sich auf keine feste Belegschaft stützen kann – was angesichts des umfassenden Ansatzes, den das Museum verfolgt, nur umso ungewöhnlicher erscheint. „Hoesch war mehr als Stahl, und das Hoesch-Museum zeigt mehr als nur Hoesch." So beschreibt es Gerhard Sehner, ein alter Hoeschianer, der die Ausstellung für Besucher fachkundig zu erläutern weiß. Worauf es dem stellvertretenden Vorsitzenden des Fördervereins bei dieser Feststellung besonders ankommt: Das Hoesch-Museum begnügt sich nicht einfach mit dem Blick in die Vergangenheit. Es versteht sich auch als Forum, das den Strukturwandel in Dortmund kritisch begleitet und Zukunftsfragen diskutiert, die die ganze Stadt angehen. Vorträge und Fachtagungen gehören daher ebenso zum Museumsprogramm wie Erkundungen vor Ort, die auf die Interessen von Schülern und Schülerinnen zugeschnitten sind.

Heutzutage wird in Dortmund kein Stahl mehr gekocht, und aus der ehemaligen Westfalenhütte ist mit ca. 300 Hektar die größte Industriebrache Europas geworden. Für das Areal werden inzwischen alternative Nutzungskonzepte entwickelt. Immerhin betreibt die heutige ThyssenKrupp Steel AG hier noch ein Stahlwalzwerk mit einigen hundert Beschäftigten. 1999 hat sie zudem das „Dortmunder Oberflächen Centrum" (DOC) gegründet. Die hochmoderne Einrichtung zur Erforschung und Entwicklung von oberflächenveredelten Stahlblechen schließt unmittelbar an die ehemalige Hoesch-Hauptverwaltung an und

liegt nur wenige Schritte vom Hoesch-Museum entfernt.

Obwohl im „DOC“ an den Techniken der Zukunft gearbeitet wird, handelt es sich dabei in gewissem Sinne doch um die Fortsetzung einer in Dortmund längst bestehenden Tradition. War es doch die Firma Hoesch, die als erster deutscher Produzent von kunststoffbeschichtetem Stahl auftrat. Welch außergewöhnliche Bedeutung spezialisierte Oberflächentechniken heute insbesondere für die Automobilindustrie haben, das wird im Hoesch-Museum eindrucksvoll anhand eines „halbierten“ Porsche demonstriert. In Zukunft werden die Korrosionsbeständigkeit, die Kratzfestigkeit und das Design von Stahlblechen wohl noch mehr von Innovationen aus diesem Technikbereich abhängen. Womit das Hoesch-Museum ganz nebenbei beweist: Auch Oberflächen sollte man manchmal vertiefend betrachten.

Stahl-Kunst im Hoesch-Museum in Dortmund: die Zangenwand.

3 WESTFÄLISCHES WIRTSCHAFTSARCHIV

Informationen
Stiftung Westfälisches
Wirtschaftsarchiv
Märkische Straße 120
44141 Dortmund
Tel. 0231 / 54 17 296
www.archive.nrw.de

Öffnungszeiten:
Mo-Mi 9-16 Uhr,
Do 9-18 Uhr, Fr 9-14 Uhr

Die NRW-Stiftung trug maßgeblich zur Einrichtung des Westfälischen Wirtschaftsarchivs am neuen Standort bei.

Grandiose Erfolgsgeschichten und niederschmetternde Pleiten, Aufstieg und Fall von Firmen und ganzer Branchen, Schicksale ohne Zahl: In den Schränken und Regalen des Westfälischen Wirtschaftsarchivs (WWA) in Dortmund lagert Stoff für Hollywoodfilme und Romane in Fülle.
Natürlich ist es nicht der Zweck der 1941 von der Wirtschaftskammer für Westfalen und Lippe gegründeten Einrichtung, Drehbuchautoren zu inspirieren. Das WWA archiviert Dokumente von Unternehmen, Kammern, Verbänden und Persönlichkeiten der Wirtschaft, um sie für die Nachwelt zu bewahren, selbst auszuwerten und der wissenschaftlichen Forschung zur Verfügung zu stellen. Es spiegelt die regionalen Wirtschaftsstrukturen wider. Die Geschichte einzelner Firmen, aber auch die Entwicklung ganzer Branchen kann im Detail rekonstruiert werden. Da der riesige Bestand bis ins 17. Jahrhundert zurückreicht, findet sich hier auch reichhaltiges Material für die Zeit vor der Industrialisierung. Die über 11.000 Geschäftsbücher und mehr als eine halbe Million Briefe aus über drei Jahrhunderten belegen eindrucksvoll die Vernetzung des Ruhrgebiets und Westfalens mit anderen Regionen Deutschlands, mit Europa und dem Rest der Welt.
Nach 50 Jahren konnten die Archivräume allerdings die ständig wachsende Flut an Dokumenten nicht mehr aufnehmen. Ein weiteres Gebäude wurde geplant und mit Unterstützung der NRW-

Westfälisches Wirtschaftsarchiv.

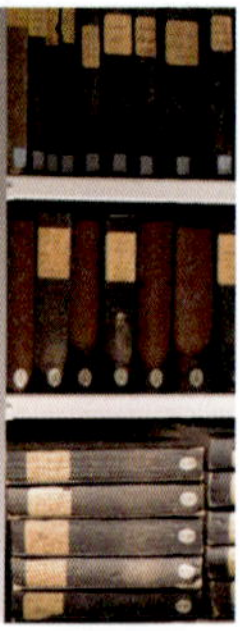

Stiftung verwirklicht. Auf einer Fläche von rund 1.200 Quadratmetern sind seitdem in drei Stockwerken die Magazine samt Bibliothek und Lesesaal untergebracht. Damit wurde auch der „Philosophie des offenen Hauses“ Rechnung getragen, denn das WWA hat sich einen offenen, transparenten Umgang mit den ihm anvertrauten Unterlagen auf die Fahnen geschrieben.

Stimmen die Prognosen, dann werden die erweiterten Kapazitäten von sechs Kilometern Regalfläche allerdings bereits 2015 wieder erschöpft sein. Zwar hilft das WWA Unternehmen zur Entlastung beim Aufbau firmeneigener Archive. Doch auch damit ist der Zustrom von Dokumenten zur Wirtschaftsgeschichte des Reviers nicht zu stoppen.

Zum Bestand gehören zahlreiche historische Dokumente.

Das WWA bildet die Grundlage für viele Forschungsarbeiten.

Historische Straßenbahn.

4 NAHVERKEHRSMUSEUM DORTMUND / WESTFÄLISCHE ALMETALBAHN

Er ist ein wenig in die Jahre gekommen, der Triebwagen mit der Nummer 194. Noch bis 1973 zuckelte er durch Dortmund und beförderte Tag für Tag hunderte Menschen über die Schienen der Stadtbahn. Nach seiner „Pensionierung“ ging das aus heutiger Sicht altertümlich anmutende Vehikel auf Fernreise nach Schleswig-Holstein, weil die Dortmunder Verkehrsbetriebe keine Verwendung mehr für das „Schätzchen“ Baujahr 1949 hatten. Erst 2004 holten die Mitglieder des Vereins „Westfälische Almetalbahn e. V.“ den Triebwagen per Tieflader aus seinem Exil zurück ins Ruhrgebiet. Hier hat er im Nahverkehrsmuseum in Dortmund-Obernette sein neues, nun wohl endgültiges Zuhause gefunden.

Der Triebwagen, der einst 60 Fahrgästen Platz

Informationen

Nahverkehrsmuseum Dortmund / Bahnhof Mooskamp
Mooskamp 23
44359 Dortmund
Tel. 0231 / 39 56 417
www.bahnhof-mooskamp.de

Öffnungszeiten:
Jeden 3. Sonntag im Monat zwischen April und Oktober 2011 – Kombiführungen Kokerei und Lokhalle Hansa

bot, ist bislang eines von insgesamt elf betagten Schienenfahrzeugen, die in dem ehemaligen Betriebshof im Stadtteil Obernette eine dauerhafte Bleibe gefunden haben. Sie alle sind Teil des Nahverkehrsmuseums, das die Mitglieder der „Arbeitsgemeinschaft zur Erhaltung der historischen Dortmunder Straßenbahntrieb- und Beiwagen“ des Vereins „Westfälische Almetalbahn e.V.“ aufgebaut haben. Das älteste Ausstellungsstück ist von 1918, die übrigen stammen aus der Zeit nach dem Zweiten Weltkrieg. Die Besucher können sich in den Schmuckstücken nach Herzenslust umschauen – und mit ihnen sogar historische Strecken abfahren.

Denn der Verein betreibt darüber hinaus einen Fahrbetrieb mit historischen Dortmunder Schienenfahrzeugen. Er verläuft auf der Werks-Trasse HHW 6141 der Eisen- und Stahlwerk Hoesch AG zwischen den Dortmunder Stadtteilen Huckarde und Ellinghausen, die einst eine wichtige Verbindung im industriellen Schienenverkehr darstellte. Dass diese Strecke noch existiert, ist ebenfalls das Verdienst des Vereins. In enger Abstimmung mit der RAG, ThyssenKruppSteel, der Stadt Dortmund und dem Regionalverband Ruhr wird der Fahrbetrieb ständig weiter ausgebaut. Ziel ist die Wiederanbindung eines der wichtigsten Industriedenkmäler des Ruhrgebiets, der Kokerei Hansa in Dortmund-Huckarde, an den Hafen und den Fredenbaumpark sowie an den Dortmunder Hauptbahnhof.

■ Die NRW-Stiftung unterstützte den Verein „Westfälische Almetalbahn“ dabei, zwei Wagen instand zu setzen, die im Nahverkehrsmuseum Dortmund ausgestellt werden.

SEHENSWERT

Lanstroper Ei

Auf einem starken Stahlpfahl und einem quadratischen Stahlgerüst thront das Riesenei, das einst die Orte Lanstrop, Derne, Mengede, Brambauer und Teile der Stadt Lünen sowie die umliegenden Zechen der Harpener Bergbau AG mit Ruhrwasser versorgte. Bald soll man ihn auch besteigen können, um die Aussicht zu genießen.

■ Informationen

Das Lanstroper Ei steht auf einer Anhöhe südlich der Autobahn A 2 im Dortmunder Ortsteil Lanstrop.

Lokschuppen der Almetalbahn.

5 NATURBÜHNE HOHENSYBURG

Seit 1952 wird in dem idyllischen Tal unterhalb der Syburg auf der Naturbühne Hohensyburg populäres, unterhaltsames, aber auch anspruchsvolles Theater gespielt. In den knapp sechs Jahrzehnten seines Bestehens hat das Freilichttheater unzählige Produktionen vor großen und kleinen Besuchern präsentiert.

An einem Ort zwischen vier Städten, neben Stadttheatern und Offbühnen hat die Institution ihren eigenen Platz gefunden. Die Inszenierungen sind thematisch breit gestreut, um dem selbst gestellten Anspruch, Programm für alle Altersschichten zu machen, gerecht zu werden. Shakespeares „Sommernachtstraum" und „Das Dschungelbuch" von Kipling gehören ebenso dazu wie „Die Kameliendame" von Dumas oder Max von der Grüns „Die Vorstadtkrokodile". Damit korrespondierend stellt auch die Art der Aufführungen offen verschiedene

Informationen

Naturbühne
Hohensyburg e.V.
Syburger Dorfstraße 60
44267 Dortmund
Tel. 0231 / 77 43 10 (nur am Wochenende besetzt)
www.naturbuehne.de

Kinder

- Die Bühne führt regelmäßig Stücke und Musicals für Kinder und Jugendliche auf.

Mithilfe der NRW-Stiftung konnten u. a. die Bestuhlung der Naturbühne erneuert und eine Innenbühne für den Winter gebaut werden.

Engagierte Darsteller ...

Ansätze von Theaterarbeit nebeneinander. Zur Naturbühne gehört außerdem ein Studio, das Raum für experimentelle Aufführungen bietet.
Mit ihrer Arbeit, für die sich rund 120 Mitglieder aktiv in ihrer Freizeit engagieren, gehört die Naturbühne Hohensyburg inzwischen zu den ersten Adressen unter den deutschen Amateurfreilichttheatern. Die Naturbühne vermittelt durch ihre Hanglage den Eindruck eines Amphitheaters, das atmosphärisch starkem und eindringlichem Schauspiel ideale Unterstützung gewährt. So knüpft das Ensemble an eine althergebrachte Theatertradition an: Schauspiel unter freiem Himmel ist eine der ältesten Formen des Theaters überhaupt.
Als Theatertruppe, die nahezu alle Rollen hinter und auf der Bühne mit ehrenamtlichen Vereinsmitgliedern besetzt, und deren Inszenierungen aus vielen Einzelleistungen in den unterschiedlichsten Ressorts entstehen, ist die Naturbühne ein echtes Mitmachprojekt.

... und gebannte Zuschauer.

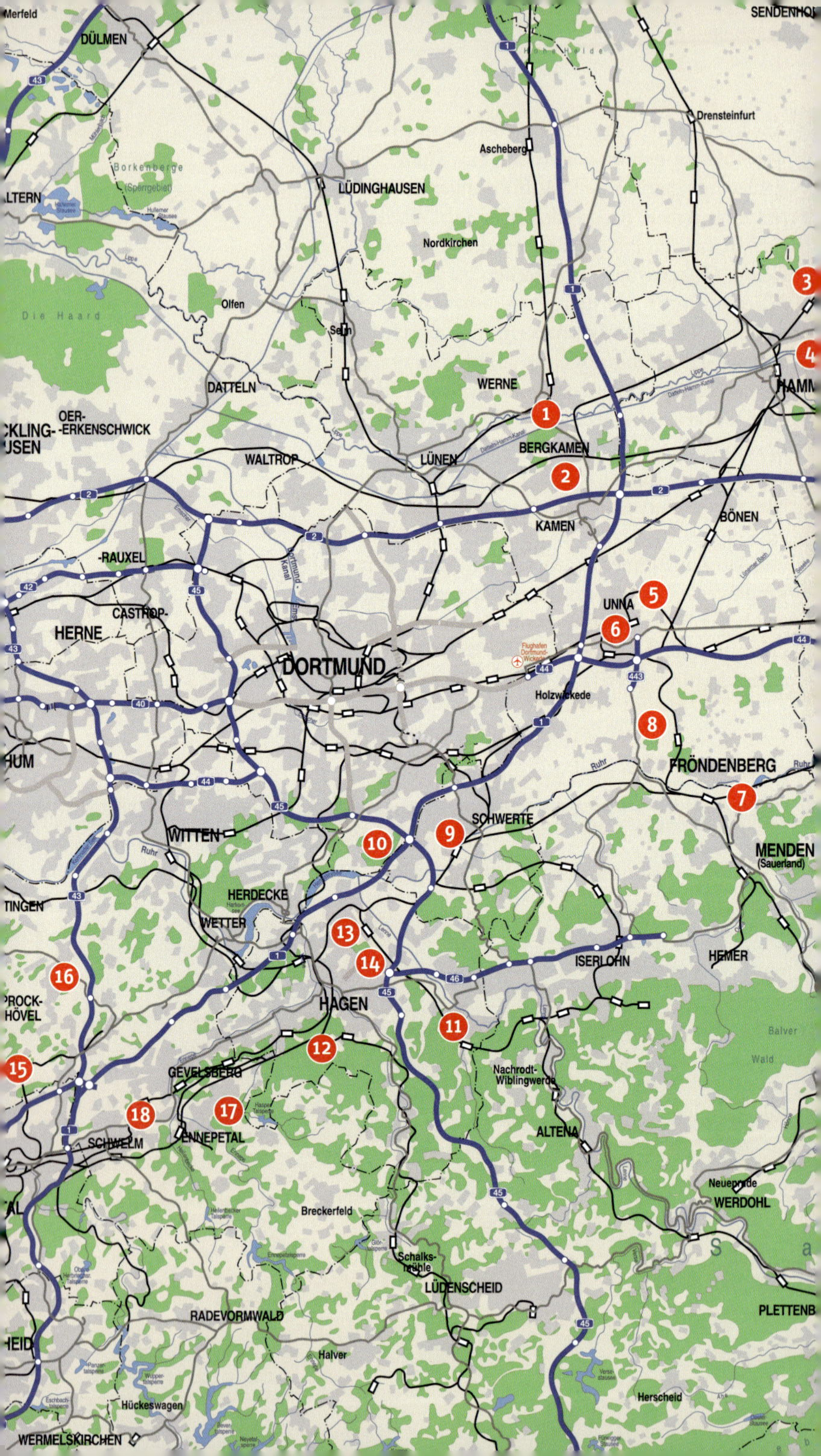
Merfeld
DÜLMEN
SENDENHO
Drensteinfurt
Ascheberg
LÜDINGHAUSEN
Nordkirchen
Borkenberge
ALTERN
Die Haard
Olfen
Selm
WERNE
DATTELN
HAMM
OER-ERKENSCHWICK
CKLING-
USEN
WALTROP
LÜNEN
BERGKAMEN
KAMEN
BÖNEN
-RAUXEL
CASTROP-
HERNE
UNNA
DORTMUND
Holzwickede
FRÖNDENBERG
HUM
SCHWERTE
MENDEN
(Sauerland)
WITTEN
HERDECKE
WETTER
TINGEN
ISERLOHN
HEMER
HAGEN
PROCK-
HÖVEL
Nachrodt-
Wiblingwerde
GEVELSBERG
Balver
Wald
SCHWELM
ENNEPETAL
ALTENA
Neuenrade
WERDOHL
Breckerfeld
Schalksmühle
LÜDENSCHEID
PLETTENB
RADEVORMWALD
Halver
Herscheid
Hückeswagen
WERMELSKIRCHEN
1
2
3
4
5
6
7
8
9
10
11
12
13
14
15
16
17
18

IM OSTEN UND SÜDEN

RÖMER, BURGEN UND BERGE

Das Ruhrgebiet ist auch ein Burgenland. Und eine der schönsten Burgen am östlichen Rand des Ruhrgebiets ist sicher die Hohenlimburg in Hagen, die einzige über die Jahrhunderte erhaltene Höhenburg. Wer sie erklimmen will, braucht eine gute Kondition. Doch der Aufstieg lohnt sich, denn den Besucher erwartet eine sehenswerte Burganlage. Hier kann man sich mit etwas Fantasie das Leben der Ritter und Burgfräuleins im Mittelalter ausmalen. Und auch eine Gruselgeschichte wird über Hohenlimburg erzählt: Bei Bauarbeiten soll in einer Mauer eine „schwarze Hand" gefunden worden sein. Der Sage nach wurde sie einem jungen Mann abgehackt, der sie gegen seine Eltern erhoben hatte. Ob die Geschichte nun einen wah-

Bild oben:
Bedeutendes Bauwerk und Museumszentrum: die Hohenlimburg in Hagen.

Freizeitoase in Hamm: der Maximilianpark mit dem berühmten Glaselefanten.

ren Kern hat oder nicht, vor dieser historischen Kulisse mag man sie gern glauben.

Der Landkreis Unna, die Städte Hamm und Hagen und viele weitere Orte im östlichen Ruhrgebiet sind noch heute ländlich geprägt. Zwischen den Städten erstrecken sich weite Felder und ausgedehnte Waldgebiete.

Viele Städte können auf eine bewegte Geschichte zurückblicken. Unna zum Beispiel wurde schon im 11. Jahrhundert in einer Urkunde erstmals erwähnt. Im Mittelalter und in der frühen Neuzeit war die heutige Kreisstadt ein wichtiges wirtschaftliches Zentrum. Der mittelalterliche Grundriss der Innenstadt ist noch heute gut erkennbar. Teile der Stadtmauer haben sich ebenso erhalten wie viele der alten Fachwerkhäuser. Unna ist heute hochlebendig. Im Kulturzentrum Lindenbrauerei finden häufig Konzerte und Kabarettveranstaltungen statt und das Zentrum für Internationale Lichtkunst zieht Besucher aus dem In- und Ausland an.

Eine Sehenswürdigkeit aus dem 14. Jahrhundert, den legendären Goldschatz von Unna, sollten sich Besucher nicht entgehen lassen: Gegen Ende des 14. Jahrhunderts vergrub ein Kaufmann 250 Münzen, um sie in den unruhigen Zeiten in Sicherheit zu bringen. Dort gerieten sie für Jahrhunderte in Vergessenheit. Als der Schatz 1952 bei Bauarbeiten in der Altstadt von Unna wiederentdeckt wurde, staunten die Experten nicht schlecht. Enthielt er doch Münzen aus Prag, Wien, Salzburg, Budapest, Lübeck, Paris und Ant-

Beherbergt das Internationale Zentrum für Lichtkunst Unna: die Lindenbrauerei.

Eine Reise wert:
die Altstadt von Unna.

werpen und selbst aus England. Der unbekannte Kaufmann hatte offenbar Handelsbeziehungen in viele europäische Städte gepflegt.
Aber natürlich bietet das östliche Ruhrgebiet auch Einblicke in seine industrielle Vergangenheit. Das Kettenschmiedemuseum in Fröndenberg erinnert an die für diesen Produktionszweig bis ins 20. Jahrhundert typische Mischung aus Fabrikproduktion und Heimarbeit. Zur Ausstattung zählt ein Schmiedefeuer aus dem Jahre 1910. Die Ausstellung lädt zum Staunen und Mitmachen ein und ist damit ein idealer Ausflugstipp für Familien mit Kindern, die etwas nicht Alltägliches erleben wollen. Wer sich bei schönem Wetter lieber unter freiem Himmel mit der Vergangenheit beschäftigt, sollte dem Freilichtmuseum in Hagen einen Besuch abstatten – und viel Zeit mitbringen. Denn dort kann man einen ganzen Tag Geschichte hautnah erleben. Hier kann man die vorindustrielle Technikgeschichte nicht nur betrachten, sondern ganz unmittelbar mit ihr auf Tuchfühlung gehen. Der Besucher erlebt zum Beispiel, wie Holzkohle hergestellt wurde, und wie mühsam es war, aus Lumpen Papier zu gewinnen. So erfährt man unmittelbar, dass die „gute, alte Zeit" für die Menschen vor allem eins war: ein anstrengender Kampf um das tägliche Überleben.

1 NATURSCHUTZGEBIETE IN DER LIPPEAUE VON WERNE BIS HEIL

Rhein, Ruhr, Emscher und Lippe sind die vier Flüsse, die das Ruhrgebiet prägen. Die Emscher fließt durch das Zentrum des Reviers, die Ruhr ist der bestimmende Fluss des südlichen Ruhrgebiets – und der Norden ist das Land der Lippe. Der 220 Kilometer lange Fluss hat in Bad Lippspringe seine Quelle, erreicht in Hamm das Ruhrgebiet und mündet bei Wesel in den Rhein.
Früher war die Lippe wichtig für den Schiffsverkehr. Längst haben Kanäle die einstige Verkehrsfunktion der Lippe übernommen, der Fluss hingegen konnte sich durch diese Entlastung zu einem wichtigen Naherholungsgebiet für das gesamte Ruhrgebiet entwickeln. An seinen Ufern laden Rad- und Wanderwege zu ausgedehnten Touren ein. Campingplätze und Anlegestellen für Ruderer und Paddler haben die Lippe zu einem Paradies für naturverbundene „Wasserratten" gemacht. Da die Lippe in weiten Teilen noch ihrem alten Lauf folgt, haben sich hier viele Auen erhalten, die bei der Begradigung von Flüssen sonst oft verlorengehen. Hier ist besonders die Lippeaue zu nennen, ein 415 Hektar großes Naturschutzgebiet, das sich von Werne und Bergkamen im Osten bis zur Stadt-

Wichtiges Rückzugsgebiet für bedrohte Tier- und Pflanzenarten: die Uferschwalben-Steilwand.

Die zu den Großlibellen zählende Gemeine Keiljungfer ist heute vielerorts sehr selten geworden.

gebietsgrenze von Lünen im Westen erstreckt. In diesem Abschnitt hat die Lippe einen stark mäandernden Verlauf. Die Lippeaue ist ein wichtiges Rückzugsgebiet für zahlreiche bedrohte Tier- und Pflanzenarten. Röhrichte, Schilfbestände und Reste von Auenwäldern sind erhalten und sollen auch künftig gesichert werden, damit das Ruhrgebiet nicht nur als Metropolregion mit großer industrieller Vergangenheit, sondern auch als artenreicher Naturraum seinen Weg in die Zukunft findet.
Die Lippeaue ist eins von fast 50 Naturschutzgebieten im Kreis Unna, die von der auf dem ehemaligen Hofgut Schulze-Heil untergebrachten Biologischen Station betreut werden. Zu den vielfältigen Aufgaben des achtköpfigen Teams gehört die Datenerhebung in geplanten bzw. bestehenden Naturschutzgebieten des Kreises. Weiterhin erarbeiten die Experten Vorschläge zur Biotopverbesserung, beraten Landwirte zum Thema Naturschutz und realisieren ökologische Gestaltungsmaßnahmen auf landeseigenen Flächen. Um die Notwendigkeit des Umweltschutzes noch bekannter zu machen, finden regelmäßig ökologische Bildungsveranstaltungen für Pädagogen statt, aber auch Schulunterricht an Ort und Stelle im Grünen – zum Beispiel in der Lippeaue.
Die Biologische Station im Kreis Unna betreut die Naturschutzgrundstücke der NRW-Stiftung in der Lippeaue.

Informationen
Biologische Station
im Kreis Unna
Westenhellweg 110
59192 Bergkamen
Tel. 02389 / 98 09 50
www.biostationunna.de

Kinder
- Ökologie-Unterricht im Grünen

Die NRW-Stiftung kaufte Grundstücke für Zwecke des Naturschutzes.

Altwasser-Arm im
Naturschutzgebiet
„Langerner Hufeisen“.

2 RÖMERLAGER BERGKAMEN-OBERADEN

Informationen
Stadtmuseum Bergkamen
Jahnstraße 31
Museumsplatz
59192 Bergkamen-Oberaden
Tel. 02306 / 30 60 21-0
www.stadtmuseum-bergkamen.de

Öffnungszeiten:
Di-Fr 10-12 u. 14-17 Uhr,
Sa 14-17 Uhr, So 11-18 Uhr

Kinder
- Kindergeburtstage, verschiedene Kindergartenangebote

Der Archäologische Lehrpfad zum Römerlager Oberaden konnte mit Unterstützung der NRW-Stiftung angelegt werden.

Einer der Standorte, die von den Römern errichtet wurden, um von dort aus in das Innere Germaniens einzudringen, entstand im Jahre 11 v. Chr. auf dem „Burghügel“ des heutigen Bergkamener Stadtteils Oberaden. Die Römer bauten eine riesige Militärstadt, soweit bislang bekannt die damals größte militärische Anlage nördlich der Alpen. Von hier aus unternahmen sie Feldzüge bis an die Elbe. Als die stete Kriegsgefahr durch Umsiedlung zahlreicher Germanen auf linksrheinisches Gebiet beseitigt war, wurde das Lager 8 oder 7 v. Chr. wieder aufgegeben.
Erst im Jahr 1905 entdeckte der Pfarrer Otto Prein Teile der einstigen Anlage. Welche erstaunlichen Ausmaße sie hatte, machten erst weitere Ausgrabungen deutlich. Das Heerlager erstreckte sich demnach über eine Fläche von 56 Hektar, hinter einem bis zu fünf Meter breiten Schutzgraben und drei Meter hohen Erdwällen; im Abstand von 25 bis 30 Metern erhob sich ein Turm – eine in damaliger Zeit nahezu uneinnehmbare Festung, die zwei Legionen Platz bie-

Die „Schwurhand“ weist den Weg zu den Römern.

Die Gruppe „Classis Augusta Drusiana“ engagiert sich für das Römerlager, manchmal auch in entsprechender Kleidung …

Stolz auf den Archäologischen Lehrpfad zum Römerlager Bergkamen-Oberaden: v. r. Beate Tebbe und Dr. Jens Herold (Freunde und Förderer des Stadtmuseums Bergkamen e.V.) und Barbara Strobel, Museumsleiterin des Stadtmuseum Bergkamen.

ten konnte, ungefähr 12.000 Menschen. Seit 2006 macht ein archäologischer Lehrpfad mit 15 Informationstafeln an den wichtigsten Fundorten diese erstaunlichen Dimensionen erfahrbar und führt zu interessanten Punkten des Bodendenkmals aus der Zeit von Kaiser Augustus. Die Tafeln behandeln unter anderem diese Themen: Holz-Erde-Mauer, Latrinen und Entwässerung, germanische Viehtränke, Lage der Tore zum Lager, Centurionenhäuser, Brunnen, Lagergraben, Wohnhaus des Kommandeurs, Stabsgebäude, Atriumhäuser, römische Villa.
Das Stadtmuseum zeigt – bei freiem Eintritt – Funde der Ausgrabungen des Römerlagers. Eine nachgebaute römische Taverne mit Mühlstein und Backofen kann museumspädagogisch genutzt werden.

Römer für einen Tag.

3 FREILICHTBÜHNE HAMM-HEESSEN

Kultur in der Natur.

Eine der gefragtesten Freilichtbühnen Nordrhein-Westfalens und zugleich eines der besucherstärksten Amateurtheater Europas steht in Hamm: die Waldbühne Heessen. Seit 1924 inszeniert der Verein „Westfälische Freilichtspiele e.V." dort großes Theater.

Das Programm der Bühne zieht Saison für Saison Erwachsene und Kinder gleichermaßen in seinen Bann. Von Klassikern wie „Wilhelm Tell" oder „Die Nibelungen" über Adaptionen leichterer Stoffe wie „Don Camillo und Peppone" oder „Das Wirtshaus im Spessart" bis hin zu Musicalbearbeitungen wie „Kiss me, Kate" oder „My fair Lady" – die Inszenierungen im Erwachsenenbereich sind ebenso breit gemischt wie im Kinderprogramm, wo sich vom Räuber Hotzenplotz bis hin zu Peter Pan alle bekannten Kinderbuchprotagonisten die Ehre geben.

Die Freilichtbühne kann auf beeindruckende Zahlen verweisen: Die bislang mehr als 100 Inszenierungen wurden von über 2,3 Millionen Zuschauern gesehen, pro Saison werden rund

Informationen

Westfälische Freilichtspiele e.V.
Waldbühne Heessen
Gebrüder-Funke-Weg 3
59073 Hamm-Heessen
Tel. 02381 / 30 90 90
(Mo-Fr 9-12 Uhr), www.waldbuehne-heessen.de

Kinder

- eigenes Kinder-Programm

Die NRW-Stiftung hat den Neubau der Tribüne der Waldbühne Heessen unterstützt.

SEHENSWERT

Maximilianpark Hamm
Fast eine halbe Million Menschen besuchen Jahr für Jahr den Maximilianpark. Sie gehen spazieren, nutzen die vielfältige Freizeitmöglichkeiten oder gehen in eins der vielen Konzerte. Blickfang ist der riesige, nachts beleuchtete Glaselefant.

■ Informationen
Maximilianpark Hamm
Alter Grenzweg 2
59071 Hamm
Tel. 02381 / 98 210-0
www.maximilianpark.de

70.000 Besucher begrüßt. Und längst gibt es Aufführungen im Hammer Stadtteil Heessen nicht nur an lauen Sommerabenden: Seit 1983 tritt die Spielerschar regelmäßig auch in der kalten Jahreszeit mit zusätzlichen Programmen auf die Winterbühne.

Wie an den meisten anderen Freilichtbühnen auch treten die Schauspieler aus reiner Lust am Theater auf, den Applaus der Besucher empfangen sie als einzigen Lohn – und nicht nur sie. Denn im Hintergrund arbeitet eine Heerschar von Handwerkern und Technikern, die die Verantwortung für Kulisse, Bühnenausstattung, Kostüme und Requisiten oder die Einarbeitung von professionellen Spezialeffekten tragen.

Im krassen Gegensatz zum großen Publikumsinteresse standen lange auch die baulichen Anlagen. Die ursprüngliche Zuschauertribüne war im Krieg zerstört und 1951 lediglich als Provisorium in Holzbauweise wiederaufgebaut worden. Erst 1993 wurde mithilfe der NRW-Stiftung eine neue Tribüne errichtet, die 1.729 bequeme Sitze, gute Akustik und beste Sicht bietet, um die Zuschauer in jeder Spielzeit zwischen Mai und September in eine andere Welt zu entführen. Gleichzeitig beherbergt das neue Gebäude die Winterbühne, deren Spielzeit von Oktober bis Dezember reicht.

Die Inszenierungen der Waldbühne Heessen sind auch bei Kindern sehr beliebt.

Das Gustav-Lübcke-Museum besitzt die größten Sammlung von Aegyptiaca in Westfalen. Zu den Exponaten gehören Mumienporträts, Mumienmasken, ein großer Kastensarg, Tiermumien und ein Totenbuchpapyrus.

4 GUSTAV-LÜBCKE-MUSEUM

Wissen Sie, was eine Mumienparty ist? – Nein, es handelt sich nicht um eine Ü30-Party im Jargon boshafter Teenager. Das Phänomen gehört vielmehr ins 19. Jahrhundert, in die große Zeit der Ägyptomanie – einer Ägyptenbegeisterung, die teilweise absurde Züge annahm. Zu Mumienpartys traf man sich, um antike Leichname in geselliger Runde und unter prickelndem Schauer gemeinsam auszuwickeln. Ägyptische Mumien wurden von cleveren Geschäftemachern bisweilen sogar pulverisiert und als „Medikamente" verkauft. Der 1886 in Hamm gegründete „Mumienverein" war seriöser. Er erwarb einen Mumiensarg mit dem Ziel, dem damals noch im Aufbau befindlichen Hammer Museum eine Attraktion zu bescheren – der Startschuss für die bedeutende ägyptologische Sammlung, die heute im Gustav-Lübcke-Museum zu sehen ist. Das Museum besitzt aber auch wertvolle mittelalterliche Kunstschätze, präsentiert Werke bedeutender Künstler der Moderne und zeigt zahlreiche Exponate zur Hammer Stadtgeschichte.

■ Die NRW-Stiftung half dem Heimatverein Heessen, die obertägigen Gebäude der Zeche Sachsen als Modell im Maßstab 1:500 nachzubauen.

Modell der obertägigen Gebäude der Zeche Sachsen.

■ **Informationen**

Gustav-Lübcke-Museum
Neue Bahnhofstraße 9
59065 Hamm
Tel. 02381 / 17 57 01
www.hamm.de/gustav-luebcke-museum.html

Öffnungszeiten:
Di-Sa 10-17 Uhr,
So 10-18 Uhr

■ **Kinder**

- Kinder- und Jugendmuseum

Jahr für Jahr veranstaltet es überdies vielbeachtete Sonderausstellungen.

Untrennbar ist das Museum mit der Ruhr-Kultur verbunden. Der Bergbau hat in Hamm viele Spuren hinterlassen, darunter nicht zuletzt die monumentale Maschinenhalle der Zeche Sachsen in Hamm-Heessen, die heute für Veranstaltungen genutzt wird. Die damals hochmoderne Zechenanlage wurde 1912–1928 von dem Architekten Alfred Fischer errichtet, den Fachleute in einem Atemzug mit dem Bauhaus-Gründer Walter Gropius nennen. Leider sind die Übertagebauten der Zeche heute zum großen Teil verschwunden. Der „Allgemeine Knappenverein Glück Auf – Hamm-Nordenfeldmark Heessen" und der Heimatverein Heessen hatten daher ein gemeinsames Ziel: Sie wollten diesen wichtigen Teil der Hammer Geschichte wieder anschaulich werden lassen und entwarfen daher ein Modell der Zechengebäude. Nirgendwo sonst liegt der Kohlenpott so nah am Alten Ägypten.

5 DER GOLDSCHATZ VON UNNA

Schauplatz ist die westfälische Stadt Unna ums Jahr 1375. Ein Kaufmann zählt Gold. In fast 250 schimmernden Münzen spiegeln sich dabei weit verzweigte Geschäftsbeziehungen – Gulden aus Prag, Wien, Salzburg, Budapest und Lübeck, „goldene Schilde" aus Paris und Antwerpen. Ein seltener englischer „Noble" rundet die stolze Summe ab, die nicht weniger als ein halbes Dutzend Bauernhöfe wert ist. Doch der Besitzer kauft nichts dafür. Um das Geld vor fremden Händen zu schützen, vergräbt er es – und nimmt das Versteck als Geheimnis mit in den Tod. Über ein halbes Jahrtausend ruht der Schatz in der Erde, bis man ihn zufällig bei Ausschachtungen in der Unnaer Altstadt 1952 zutage fördert.
Für den Uhrmachermeister Werner Brinkmann wurde der Goldfund zu einer lebenslangen Faszination, und ohne ihn wäre Nordrhein-Westfalen heute buchstäblich ärmer. Als er begann, sich für den Verbleib der wertvollen Münzen zu interessieren, war der von den Findern zunächst verborgen gehaltene Schatz bereits auf mehrere private Besitzer verteilt. Brinkmanns beharrlichem Engagement ist zu verdanken, dass im Laufe der Jahre zahlreiche fehlende Stücke aufgespürt werden konnten. So wusste man 1986 bereits von 151 Exemplaren. 2005 tauchten dann überraschend weitere 89 bis dahin zurückgehaltene Münzen auf, die von der NRW-Stiftung erworben werden konnten. Doch wie war der Schatz ursprünglich ausgerech-

Informationen
Hellweg-Museum
59423 Unna
Burgstr. 8
Tel. 02303 / 25 64 45
www.unna.de

Öffnungszeiten:
Mi/Fr 10-12 u. 15-17 Uhr,
Do 15-17 Uhr,
Sa/So/Fei 14-17 Uhr.
Mo/Di, Karfreitag, Ostersonntag, Heiligabend, 1. und 2. Weihnachtstag, Silvester geschlossen.

Die Nordrhein-Westfalen-Stiftung erwarb einen großen Teil der Münzen des „Goldschatzes von Unna", der nun als Dauerleihgabe im Hellweg-Museum in Unna einen festen Platz hat.

Der Unnaer Fund ist ein reiner Goldmünzschatz.

Im Goldschatz sind 38 verschiedene Prägungen vertreten.

net nach Unna gelangt? Um das Jahr 1375, als er vergraben wurde, stand die Hanse, das einflussreiche Interessenbündnis norddeutscher Handelsstädte, im Zenit ihrer Macht. Wenige Jahre zuvor hatte die Hanse sogar den dänischen König militärisch bezwungen und wirtschaftlich das nördliche Europa in nie dagewesener Weise vernetzt. Wenngleich sich Unna mit berühmten Handelsstädten wie Köln, Dortmund oder Soest nicht messen konnte, so war es doch durch einen wichtigen Handelsweg jener Zeit mit ihnen verbunden: den „Hellweg".

Wer heute auf der A 40 und der B 1 von Duisburg über Essen und Dortmund in Richtung Soest und Paderborn fährt, bewegt sich trotz einzelner Abweichungen weitgehend auf der gleichen Linie wie Kaiser, Könige und Kaufleute des Mittelalters. Die B 1 folgt dem alten Hellweg, der bei Duisburg den Rhein berührte und dadurch eine direkte Verbindung auch nach Köln schuf. Wolle, Getreide, Tuche, Pelze, Eisen, Wein und andere Güter wurden im Spätmittelalter auf dem Hellweg transportiert, er war Teil der nordeuropäischen Fernhandelsverbindungen. Unna war dank des Hellwegs in den hansischen Handel nach Ost und West eingebunden.

Westfälische Kaufleute waren am Erfolg der Hanse maßgeblich beteiligt – und somit auch an grundlegenden Neuerungen in den mittelalterlichen Zahlungsgewohnheiten, die sich aus dem Goldschatz von Unna ablesen lassen. Seit dem 8. Jahrhundert waren in Europa silberne Pfennige die einzigen Münzen. Konkurrenz bekamen diese erstmals durch die Goldgulden, die die italienische Stadt Florenz 1252 prägte – die so genannten „Floreni", wovon sich die bis in unsere Zeit gebräuchliche Abkürzung „hfl" für den holländischen Gulden ableitet. Wer Gold verwendete, dem fiel das Bezahlen leichter, wenngleich nicht unbedingt mental, so doch rein physisch, hätte man doch anstelle der rund 250 Unnaer Goldstücke sieben- bis achttausend Silberpfennige auf den Tisch legen müssen! Goldmünzen wurden zudem fast so etwas wie ein mittelalterlicher Euro, denn anders als die regionalen Pfennige wurden sie im Laufe des 14. Jahrhunderts unabhängig vom Prägeort akzeptiert. Das Unnaer Gold spiegelt also auch den endgültigen Durchbruch einer münzgeschichtlichen Innovation wider.

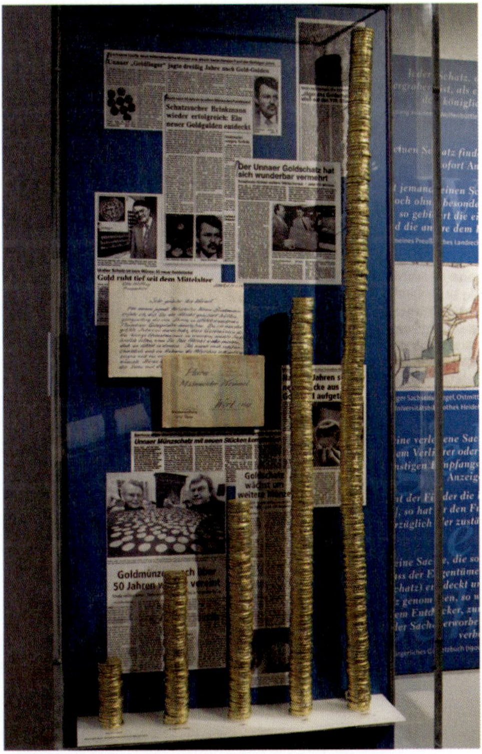

Die Ausstellung bietet auch viel Wissenswertes zur Geschichte der Region.

6 PHILIPP-NICOLAI-HAUS

Informationen
Philipp-Nicolai-Haus
Zum Osterfeld 5
59425 Unna
Tel. 02303 / 4 07 06
www.unna.de

Mit Mitteln der NRW-Stiftung konnte das Philipp-Nicolai-Haus instand gesetzt werden.

Mit seinen windschiefen Wänden und Fenstern wirkt das Philipp-Nicolai-Haus in Unna, als würde es unter seiner eigenen Last zusammenbrechen. Dabei steht das kleine Fachwerkhaus schon seit rund 280 Jahren an dieser Stelle. Sein Name soll an den lutherischen Theologen und Kirchenlied-Dichter Philipp Nicolai erinnern, der während der Pestseuche von 1596 zum Stadtprediger von Unna berufen wurde.
Im Jahre 1999 erlebte das Häuschen eine erstaunliche Wiederbelebung. Neben dem Musikverein Unna zogen hier eine internationale Komponistenbibliothek und ein Musikerziehungs-Projekt der Gütersloher Bertelsmann-Stiftung ein. Seitdem wird das Philipp-Nicolai-Haus auch für Konzertveranstaltungen genutzt, darunter eine eigene Reihe für Hausmusik in kleiner Besetzung.
Diesen Bestimmungen konnte das Haus jedoch erst nach umfassender Restaurierung dienen. Dabei wurde die ursprüngliche Bausubstanz nicht verändert; die für die damalige Bauweise charakteristischen, malerischen Schrägen blieben erhalten. Neben musikalischen Darbietungen kann das Philipp-Nicolai-Haus noch mit einem weiteren Kunstgenuss aufwarten. Eine Sammlung von Bildern, die dem Musikverein zum Teil zur Eröffnung gestiftet wurden, zeigt das alte Fachwerkhaus aus verschiedenen Perspektiven.

Das 1730 erbaute Philipp-Nicolai-Haus bietet den passenden Rahmen für Hausmusik-Konzerte.

Philipp-Nicolai-Haus.

7 KETTENSCHMIEDEMUSEUM FRÖNDENBERG

Krachend fällt der schwere Hammer auf den glühend heißen Metallstab und formt ihn zu einem U. Der Schmied hängt ein Kettenende in das gebogene Werkstück und schlägt dann dessen Enden sorgfältig übereinander. Funken sprühen. Im Kettenschmiedemuseum Fröndenberg erleben die Besucher aus nächster Nähe, wie viel Kraft eingesetzt werden muss, bis schließlich ein Kettenglied ins andere greift. Um das zu spüren, dürfen die Besucher hier selbst einzelne Arbeitsschritte ausprobieren.

Informationen

Kulturzentrum Ruhraue
Ruhrstraße 12
58730 Fröndenberg/Ruhr

Förderverein Kulturzentrum
Fröndenberg/Ruhr e.V.
Nachtigallenweg 4
58730 Fröndenberg/Ruhr
Tel. 02373 / 7 08 24
www.kulturzentrum-ruhraue.de/museum/index.html

Öffnungszeiten:
April bis Oktober:
Sa/So 10-16 Uhr;
Vorführung am Schmiedefeuer
April bis Oktober:
jeden 1. Sonntag im Monat

Kinder

- Führungen für Schulklassen

www.nrw-entdecken.de

Die NRW-Stiftung hat den Förderverein „Kulturzentrum Fröndenberg e.V." bei der Restaurierung des Maschinenbestandes für die Kettenherstellung und bei der Einrichtung eines Medienraumes unterstützt.

Ketten sind zugleich alltägliche und wundersame Dinge. Seit über 3.000 Jahren gehört die Kette zu den Errungenschaften des Menschen, der sie mal als Schmuck, mal als technisches Hilfsmittel nutzt. Im östlichen Ruhrgebiet und dem angrenzenden Sauerland war die Kettenherstellung einst ein wichtiger Industriezweig. Dies galt auch für die Stadt Fröndenberg. Ihre Spezialität waren besonders dicke Ketten, von denen einige im Museum zu bewundern sind. Zum Einsatz kamen diese Ungetüme mit bis zu zehn Zentimeter starken Kettengliedern vor allem als Schiffs- und Ankerketten.

Vorführung am Schmiedefeuer.

KETTENSCHMIEDE
MUSEUM

Die Kettenherstellung war bis ins 20. Jahrhundert durch eine typische Mischung aus Fabrikproduktion und handwerklicher Arbeit geprägt. In den 1950er Jahren war die Produktion jedoch so weit automatisiert, dass die Kettenschmiede kaum noch Arbeit fanden. Damit diese alte Tradition in der „Stadt der Ketten" nicht gänzlich in Vergessenheit gerät, hat der Förderverein „Kulturzentrum Fröndenberg e. V." die Einrichtung des Kettenschmiedemuseums beschlossen, das im Mai 1999 in einer ehemaligen Papierfabrik eröffnet werden konnte.
Das Museum zeigt bis zu 100 Jahre alte Maschinen, die aus ehemaligen Kettenfabriken zusammengetragen, restauriert und wieder funktionstüchtig gemacht wurden. Dass sie heute wieder in voller Aktion zu bestaunen sind, ist der mühevollen Kleinarbeit des Vereins zu verdanken. Das Museumsangebot wird durch anschauliche Informationstafeln mit historischen Fotos und ausführlichen Texten und einem Film über die Kettenherstellung ergänzt.

Historische Maschinen im Kettenschmiedemuseum.

8 BISMARCKTURM

Informationen
Bismarckturm
Hubert Biernat Straße
58730 Fröndenberg
www.bismarckturm-verein-unna.de

Öffnungszeiten:
Anfang April bis Ende September: So/Fei 11-15 Uhr

Mithilfe der NRW-Stiftung konnte der Förderverein Bismarckturm Unna in Fröndenberg e.V. das gleichnamige Denkmal restaurieren.

Wer vor dem 109 Jahre alten Bismarckturm bei Unna steht, blickt auf einen Teil unserer Geschichte; und wer vom Turm herunterschaut, blickt über weite Landschaften, vom Münsterland über das Sauerland bis ins Ruhrgebiet. Doch leider war das denkmalgeschützte Gebäude jahrzehntelang für Besucher gar nicht mehr zugänglich. Dass der Turm nun endlich wieder für historische Einsichten und landschaftliche Aussichten sorgen kann, ist das Verdienst des 2006 gegründeten Bismarckturm-Vereins und seiner über 50 ehrenamtlichen „Türmer".
Der Bismarckturm Unna in Fröndenberg wurde von dem Architekten Bruno Schmitz erbaut. Der Name des 1858 in Düsseldorf geborenen und 1916 gestorbenen Denkmalspezialisten ist heute noch ein Begriff, denn von ihm stammen einige der bekanntesten Denkmäler Deutschlands: das Kyffhäuserdenkmal im Harz, das Kaiser-Wilhelm-Denkmal am Deutschen Eck in Koblenz, das riesige Völkerschlachtdenkmal in Leipzig und auch das Kaiser-Wilhelm-Denkmal an der Porta Westfalica.
Wer angesichts dieser wahrhaft „monumentalen" Aufzählung ins Grübeln gerät, der hat den Ausdruck „Denkmal" mit gutem Grund wörtlich genommen. Denn dem pathetischen Kaiser-Wilhelm-Kult oder der maßlosen Verehrung des ehemaligen Reichskanzlers Otto von Bismarck stehen wir heute ja eher mit Distanz gegenüber. Trotzdem sind die Denkmäler des Wilhelminischen Zeitalters aber wichtige Zeugen der Geschichte – die man wie alle Zeugen nur richtig befragen muss, um interessante Auskünfte zu erhalten. Eine dieser Fragen könnte lauten: Wie „wilhelminisch" waren eigentlich die Kaiser- und Kanzlerdenkmäler im Zeitalter des „Wilhelminismus"? Höchst unterschiedlich, wovon auch der Unnaer Bismarckturm zeugt! Denn Kaiser Wilhelm II. förderte zwar die öffentliche Verehrung seines Großvaters Wilhelm I., den Bismarck-Kult aber sah er eher mit Missfallen. Schließlich hatte

Reichskanzler Otto von Bismarck.

Bismarckturm Unna in Fröndenberg.

er den einflussreichen Reichskanzler 1890 aus dem Amt gedrängt, weil er selbst regieren wollte. Statt auf Unterstützung durch den Monarchen ging der Bau von Bismarckdenkmälern darum weitgehend auf private Initiativen des Bürgertums und der Studentenschaft zurück. 1898 schrieb die „Deutsche Studentenschaft" sogar einen Wettbewerb aus, bei dem der beste Entwurf für eine „Flammensäule" gesucht wurde, für einen Turm, auf dem sich ein Leuchtfeuer entfachen ließ. Nach diesem Vorbild sollten überall in Deutschland Türme gleichen Typs errichtet werden, um so an Bismarcks Geburtstag ein Netz von Flammen über das Land spannen zu können. Sieger des Wettbewerbs wurde der Architekt Wilhelm Kreis, dessen Entwurf mit dem bombastischen Namen „Götterdämmerung" später tatsächlich stolze 47 Mal ausgeführt wurde. Bruno Schmitz hielt sich bei seiner knapp 20 Meter hohen „Flammensäule mit Feuerkorb", die er für

Blick vom Turm ins weite Land.

Unna errichtete, hingegen an einen eigenen Entwurf. Von dem Feuerkorb, der einst mit petroleumgetränktem Holz betrieben wurde, ist heute allerdings nichts mehr zu sehen. Seit 1989 befindet sich ein Stahlrohrgerüst an dieser Stelle, das als Bezugspunkt bei der Landvermessung dient. Als geografischer Messpunkt eignet sich der Unnaer Bismarckturm darum so gut, weil er auf einem der höchsten Punkte der Gegend liegt, der Friedrich-Wilhelm-Höhe, 214 Meter über dem Meeresspiegel. Für Ausflügler war der Zugang zum Turm seit Mitte der 1960er Jahre versperrt, erst seit 2006 ermöglichte die Initiative des „Bismarckturm-Vereins" die regelmäßige Öffnung des Gebäudes, das ein touristisches Signal in der noch viel zu wenig bekannten Landschaft des „Haarstrangs" setzt. Dabei geht es darum, den Blick der Besucher nicht nur für die Geschichte, sondern auch für die umgebenden Kulturlandschaften zu schärfen. So gute Aussichten bieten nicht alle der noch existierenden Bismarcktürme – allein schon deshalb nicht, weil einige aus Kostengründen gar nicht als Aussichtstürme konzipiert waren.

9 ROHRMEISTEREI SCHWERTE

Freitagabend um halb sieben in der Rohrmeisterei Schwerte: Aus Halle 1 ertönt leises Gläserklirren und gedämpftes Besteckgeklapper, denn gleich öffnet das Restaurant für die Gäste. In Halle 2 spielt sich eine Pianistin für ein Konzert warm, und in Halle 3 herrscht geschäftiges Möbelrücken. Die letzten Aufbauarbeiten für die Kleinkunstwoche sind in vollem Gange. So viel Geschäftigkeit ist hier ganz normal. Die Rohrmeisterei schafft heute Raum für Kunst, Kultur und Kulinarisches, doch ursprünglich dienten diese Räume wesentlich profaneren Zwecken.
Als das Ruhrgebiet im 19. Jahrhundert einen industriellen Boom ungeahnten Ausmaßes erlebte, hinkte der Aufbau einer ausreichenden Wasserversorgung der explosionsartigen Bevölkerungsentwicklung oft dramatisch hinterher. Besonders betroffen war die Stadt Dortmund, die sich daher gezwungen sah, Trinkwasser aus dem Schwerter Ruhrtal zu beziehen. Um das kühle Nass über den Höhenzug des Ardey hinweg an seinen Bestimmungsort zu bringen, war auch ein leistungsfähiges Pumpwerk vonnöten. 1890 ging die Schwerter Pumpstation in Betrieb.

Informationen
Bürgerstiftung
Rohrmeisterei Schwerte
Ruhrstraße 20
58239 Schwerte
Tel. 02304 / 20 13 001
www.rohrmeisterei-schwerte.de

Mit Unterstützung der NRW-Stiftung konnte die Schwerter Bürgerstiftung Rohrmeisterei die ehemalige Pumpstation als Theater- und Kulturzentrum einrichten.

Anziehungspunkt im Schwerter Kulturleben: die Rohrmeisterei.

Drei Dampfmaschinen taten hier bis zur Stilllegung im Jahr 1924 ihren Dienst. Nachdem sie demontiert worden waren, nutzten die Dortmunder Stadtwerke die Werkshalle unter anderem als Rohrlager, woraus sich der Name „Rohrmeisterei" erklärt. Doch 1976 war auch damit Schluss. Das 70 Meter lange Ziegelbauwerk mit der Rundbogengliederung, den gusseisernen Sprossenfenstern und dem mächtigen Tonnendach wurde zwar 1990 unter Denkmalschutz gestellt, seine Zukunft blieb aber lange ungewiss. Zum Glück ließen es Schwerter Kulturschaffende, Theatermacher und engagierte Bürger dabei nicht bewenden. Sie gründeten im Jahr 2000 die „Bürgerstiftung Rohrmeisterei", um in ihrer Stadt ein Kulturzentrum mit einzigartiger Atmosphäre zu etablieren.
Schnell hat sich die Rohrmeisterei zu einer festen Größe im Schwerter Kulturleben entwickelt. Nach dem Umbau lassen sich die Räume nun für unterschiedliche Veranstaltungen anmieten. Tanz- und Theatergruppen gastieren neben Schützenverein und Taubenzüchtern, zwischendrin feiern Verliebte Hochzeit oder Unternehmen sich selbst. Es sind diese ver-

Installation „Less sauvage than others" von Rosemarie Trockel.

Speisen im Industrieambiente.

schiedenen Welten, die den lebendigen Charakter der Rohrmeisterei ausmachen. Manche Gäste aus Münster oder Duisburg kommen auch wegen der Gastronomie. Der hohe Raum mit den naturbelassenen, steinernen Wänden und dem schlichten Betonfußboden schafft eine beinahe sakrale Atmosphäre, die Noblesse mit Bodenständigkeit vereint. Im Sommer erholen sich zudem viele Radler und Spaziergänger im großen Biergarten.

Von der Rohrmeisterei bis zur Ruhr sind es nur rund 200 Meter. Dazwischen liegt ein künstlich aufgeschüttetes Plateau, auf dem sich früher die Absetz- und Filterbecken der Pumpstation befanden. Nach Ende des Betriebs wurden sie verfüllt, und es entstand eine große Industriebrache. Die Natur nutzte die Gelegenheit, sich einen Teil dieser Fläche zurückzuerobern. Abseits der menschlichen Betriebsamkeit entwickelte sich hier in den letzten Jahren ein stabiles, etwa 700 Quadratmeter großes Feuchtbiotop, in dem Frösche, Kröten und Teichmolche, aber auch seltene Pflanzen ihr Auskommen finden.

„Ruhrbalkone“ bieten schöne Aussichten auf die Ruhrlandschaft.

Der Wunsch, dieses Biotop zu erhalten, gleichzeitig aber der insgesamt verwahrlosten Brache ein neues Gesicht zu geben, bedeutete eine außergewöhnliche Herausforderung, die zu einer außergewöhnlichen Lösung führte: Im Juni 2010 konnte auf dem Plateau ein Landschaftsgarten eingeweiht werden, dessen Umriss das ehemalige Absetzbecken der Pumpstation nachzeichnet. Ein Teil der Gesamtfläche steht dem Restaurant als Biergarten zur Verfügung, ein anderer kann für Veranstaltungen unter freiem Himmel genutzt werden. Gleichzeitig lenkt ein auffälliger lang gezogener Holzsteg die Besucherschritte in Richtung Ruhr – und an dem wertvollen Feuchtbiotop vorbei.
An der Böschungskante zum Flusstal hin warten schließlich die sogenannten „Ruhrbalkone“ auf Menschen, die gern genießerische Blicke in schöne Landschaften werfen. Von den schlichten Holzplattformen hat man aber nicht nur eine wunderschöne Aussicht in die Umgebung, von hier aus sind es auch nur ein paar Schritte bis zu dem Rad- und Wanderweg, der an der Ruhr zu weiteren Erkundungen einlädt. Womit der Landschaftsgarten ein erklärtes Ziel erreicht hat – neue Wege zur Ruhr zu ebnen.

In der Ökologie-Station werden naturkundliche Führungen und andere umweltpädagogische Veranstaltungen durchgeführt.

10 ÖKOLOGIE-STATION EBBERG

Vor fast 900 Jahren, im Jahre 1123, wurde der Hof Heil zum ersten Mal urkundlich erwähnt. Sicher, die Gebäude lagen damals noch etwas südlich des heutigen Standorts, aber die Ökologie-Station Ebberg steht auf historischem Grund. Und auch ihre eigene Geschichte währt schon mehr als 20 Jahre. 1990, zur Zeit der Internationalen Bauausstellung (IBA), kaufte der Kreis Unna den Hof und baute ihn zur Ökologischen Station um. Seitdem wird er von zahlreichen Umweltgruppen genutzt – als Basis für ihr ehrenamtliches Engagement im Bereich Naturschutz. Von hier aus werden naturfachliche Arbeiten, Fortbildungen und Exkursionen organisiert.
Mit der Eröffnung einer Fleischerei Ende der 1990er Jahren und eines Musterstalls für artgerechte Tierhaltung ist mittlerweile sogar die Landwirtschaft wieder in den ehemaligen Hof zurückgekehrt.

Informationen

Ökologie-Station Ebberg
Ebberg 1
58239 Schwerte
Tel. 02304 / 6 71 64
www.nfh-ebberg.de

Öffnungszeiten:
Mo-Fr 11.30-18 Uhr,
Sa/So/Fei 10-18 Uhr,
Do Ruhetag

Die NRW-Stiftung unterstützte den Ausbau der Ökologie-Station.

11 KALTWALZMUSEUM

Ein Museum zum Thema Industrie – in einem Schloss? Diese ungewöhnliche Lösung ist für Schloss Hagen-Hohenlimburg durchaus passend. Denn nahe seiner imposanten Mauern finden sich die Ursprünge des europäischen Zentrums der Kaltwalzindustrie. Bereits im Mittelalter erfüllte hier das Dröhnen wasserkraftgetriebenen Eisenhämmer die angrenzenden Bachtäler. Und noch bis heute stammen etwa 70 Prozent der deutschen Bandstahl-Produktion aus mittelständischen Unternehmen im Raum Hagen-Hohenlimburg.

Die Technik des Kaltwalzens entwickelten Drahtzieher aus dem benachbarten Altena. Sie übernahmen im 19. Jahrhundert die Hämmer in Hohenlimburg und stellten Bandstahl her. Die Kaltbänder brachten fortan die modischen Reifröcke in Form, denn sie erwiesen sich als wesentlich stabiler als die brüchigen Fischbein-Konstruktionen. Auch für die florierende Textilindustrie war das neue Material ein wichtiger Baustoff, aus dem man Weberiete, die Kämme der Webstühle, fertigte. Auch Fahrräder bestanden später fast ausschließlich aus Bandstahl: geschweißte Rohre für den Rahmen, Felgenprofile, Laschenbandstahl für die Fahrradkette und Glockenbandstahl für die Fahrradklingel. Bis heute hat der Industriezweig große Bedeutung: „Kaltband" wird in Autos, in Elektro- und Sportgeräten verwendet.

Das Museum auf Schloss Hohenlimburg verbindet Regional- mit Industriegeschichte. In den 1980er Jahren begann die örtliche Kaltwalzindustrie mit dem Aufbau des Museums. Ehrenamtliches Engagement, organisatorische Hilfe vom Förderkreis des Kaltwalzmuseums und Mittel von den Unternehmen ermöglichten eine einzigartige Sammlung. An den schweren Maschinen aus der ersten Hälfte des 20. Jahrhunderts erläutern Schautafeln, wie durch Druck unterschiedlicher Walzen aus Warmband Kaltband entsteht. Der Fabrikant J. P. Hüsecken war einer der Begründer der Kaltwalz-Spezialisierung rund um Hohenlimburg. Alfred Krupp lieferte ihm 1830 die ersten geschlif-

Informationen

Schloss Hohenlimburg
Alter Schlossweg 30
58119 Hagen-Hohenlimburg
Tel. 02334 / 27 71
www.schloss-hohenlimburg.de

Öffnungszeiten:
April bis September:
Mi-Sa 13-18 Uhr, So 11-18 Uhr, Mo/Di Ruhetag

Kinder

- In unregelmäßigen Abständen finden spezielle Veranstaltungen für Kinder statt.

www.nrw-entdecken.de

Die NRW-Stiftung hat die Wiederherrichtung des Schlossgartens, die Sanierung der Wehrmauern und die Erweiterung des Kaltwalzmuseums in den Räumen des alten Kellers unterstützt.

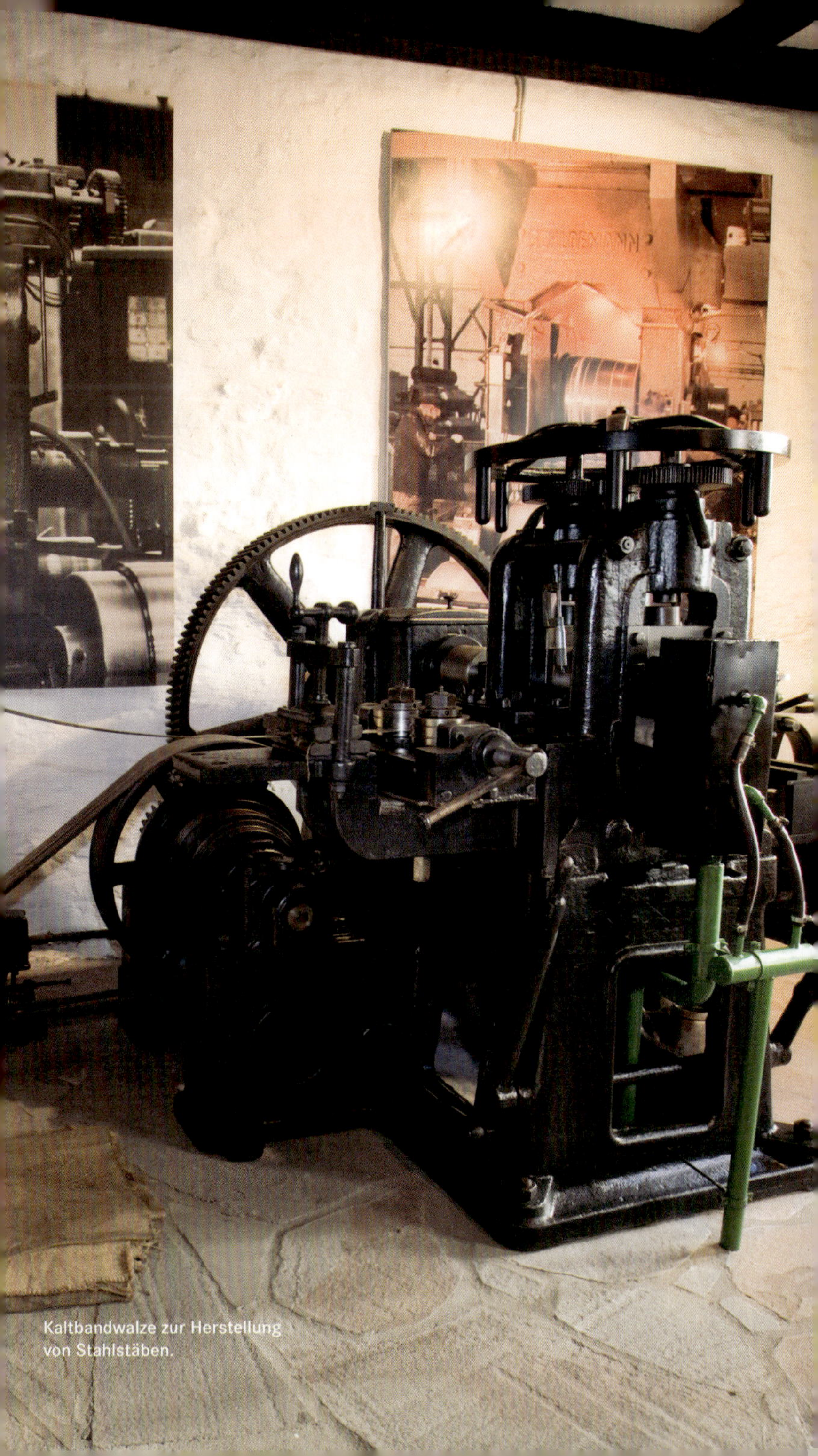

Kaltbandwalze zur Herstellung
von Stahlstäben.

Hoch über der Stadt Hagen thront die Hohenlimburg.

fenen und gehärteten Stahlwalzen für das neue Verfahren.

Ein Briefentwurf von Krupp, der im Museum zu sehen ist, lässt zusammen mit weiteren Dokumenten die Anfangszeit der Kaltwalztechnik für die Besucher wieder sichtbar werden. Fotos und Dokumente veranschaulichen soziale Reformen, den Wandel im Arbeitsleben und konjunkturelle Aufschwünge und Einbrüche. Aber auch Themen wie die Gleichschaltung im Dritten Reich und beklemmende Zeugnisse des Einsatzes von Fremdarbeitern finden Raum in der Ausstellung.

Einige der alten Maschinen aus Hagens Bandstahl-Werken sind nach wie vor einsatzbereit, damit Besucher die Herstellung hautnah erleben können.

Kaltwalzprodukte werden auch in der Autoindustrie verwendet.

Ein kurzer Film nimmt die Besucher mit auf eine Betriebsbesichtigung in einem modernen Kaltwalzwerk: Das Herstellungsprinzip ist unverändert, doch Geschwindigkeit, Präzision und Produktivität haben sich über die Jahrhunderte verbessert. Zwar ersetzt heute zunehmend Kunststoff die Kaltbandprodukte, doch in der Autoindustrie hat das traditionsreiche Material nach wie vor große Bedeutung. Stabile Stahlteile schaffen passive Sicherheit – und lassen sich später problemlos recyceln. Als Kanten für Skier und Snowboards sind Produkte aus dem Kreis Hohenlimburg weltweit führend. Und selbst Bildschirme für Fernseher und Computer sind ohne Schattenmasken aus Bandstahl nicht denkbar.

Industriegeschichtliche Exponate im Kaltwalzmuseum.

12 FREILICHTMUSEUM HAGEN

Informationen

LWL-Freilichtmuseum Hagen
Westfälisches Landesmuseum für Handwerk und Technik
Mäckingerbach
58091 Hagen
Tel. 02331 / 78 07-0
www.lwl.org/LWL/Kultur/LWL-Freilichtmuseum_Hagen

Öffnungszeiten:
1. April bis 31. Oktober 2011: täglich ab 9 Uhr, außer montags, zusätzlich an allen Feiertagen (während der Saison) geöffnet. Einlass bis 17 Uhr, Häuserbesichtigung bis 17.30 Uhr, sonntags bis 18 Uhr.
Mitmachaktionen
So 14–17 Uhr

Kinder

- Führungen, Mitmachangebote, Schülerprogramme, Kindergeburtstage

www.nrw-entdecken.de

Wer nach Hagen ins Mäckinger Bachtal reist, der unternimmt eine außergewöhnliche Zeitreise. Denn das dort 1960 gegründete und 1973 eröffnete Freilichtmuseum Hagen bildet ein riesiges Kaleidoskop zur Geschichte des Handwerks und der Technik in Westfalen vom ausgehenden 18. Jahrhundert über die frühindustrielle Produktion bis hin zur Hochindustrialisierung zu Beginn des 20. Jahrhunderts. Es ist ein Museum zum Anfassen. Bestaunt und gleich ausprobiert werden können über 60 historische Werkstätten und Fabrikbetriebe auf 42 Hektar Fläche. Und jeder ist – unter fachkundiger Anleitung – sein eigener Gewerbechef, ob beim Brauen, Drucken, Backen, Seile schlagen oder Papier schöpfen.

Zu den Daueraustellungen gehören Tabakfabrik, Seilerei, Goldschmiede, Imkerei, Friseursalon und Kuhschellenschmiede ebenso wie der Messingstampfhammer, der die Technik des Hammerwerks vermittelt, die Lohmühle, die sich mit den Besonderheiten der Haubergswirtschaft auseinandersetzt, die Blaufärberei, die Einblicke in die Geschichte von 250 Jahren Textilveredelung durch Färben und Bedrucken gibt, und das Zinkwalzwerk, wo sich alles um „Das achte Metall“

Historische Kulisse: das Freilichtmuseum Hagen.

In der Holzwerkstatt beim Löffelschnitzer.

dreht – Zink ist erst seit gut 200 Jahren bekannt und wurde gerne genutzt, weil es rostfrei ist.
Eine besondere Themenroute befasst sich mit dem Thema „Wald und Mensch“. Die von der NRW-Stiftung geförderte Dauerausstellung zeigt mehr als 200 Jahre westfälische Waldgeschichte und vermittelt einen umfassenden Einblick in das Verhältnis von Wald, Mensch und Arbeit – eine enge Beziehung, die über viele Jahrhunderte gewachsen ist. Die Sichtweise des Menschen auf den Wald ist ebenso vielfältig wie seine Nutzung. Der Wald als Holzlieferant, als Wasserspeicher, als Jagdrevier, als Schweineweide oder als schützenswerte Natur – all diese Themen werden in Bildern, Filmen, Fotos und Ausstellungsstücken aufgegriffen.
Aufgestapelte Holzfässer und Fachwerkbalken im Haus weisen darauf hin, dass der Wald Jahrhunderte lang einen der wichtigsten Rohstofflieferanten Westfalens darstellte. Zahlenstempel, mit denen Waldbauern das frisch geschlagene Holz nummerierten, sind ebenso zu sehen wie historische „Wirtschaftskarten“, etwa aus der königlichen Oberförsterei Glindfeld. Bunte Diakästen bringen romantische Märchenbilder vom

■ Die NRW-Stiftung finanzierte die Ausstellung „Wald und Mensch“, deren Stationen auf dem Museumsgelände mit einer Themenroute verbunden sind.

„tiefen, tiefen Wald“ zum Leuchten. Gerätschaften zum Vermessen von Holz stehen neben Schriften zur Forstwirtschaft, deren älteste aus dem Jahr 1766 stammt. Gemälde und andere Exponate dokumentieren die Geschichte der Jagd, der Imkerei und anderer Nutzungen des Waldes in Westfalen.

An der Themenroute liegen Werkstätten wie etwa die Säge- und die Papiermühle, die Stellmacherei und andere Holzwerkstätten, ferner die Schmieden oder auch die Bäckerei, in de-

Informationstafeln erklären die Arbeit des Köhlers (Bild oben) und die Eigenschaften der verschiedenen Baumarten.

Auch das Thema „Waldsterben“ wird nicht ausgespart.

nen ohne Holz „nichts lief". Die Ausstellung „Siegerländer Hauberge" erläutert, wie es die Menschen in Südwestfalen schafften, auf einer Fläche Holzkohle, Rinde zum Ledergerben, Brennholz und noch Getreide zu ernten. In der Ausstellung „Kein Eisen ohne Wald" dreht sich alles um den untergegangenen Handwerksberuf und die Lebenswelt des Köhlers. Die Ausstellung „Vom Holzhauer zum Forstwirt" stellt Geschichte und Gegenwart der Berufe im Wald vor.

Köhlerei im Museumsdorf.

13 RUHRAUE SYBURG

Informationen
Biologische Station
UMWELTZENTRUM
Hagen e.V.
Haus Busch 2
58099 Hagen
Tel. 02331 / 8 48 88
www.biostation-hagen.de

Die Zeit, in der das Ruhrtal ein Zentrum der Industrialisierung war, ist längst Vergangenheit. Hier gibt es keine Zechen und Stahlwerke mehr, und auch Schiffe nutzen den Fluss seit über 100 Jahren nicht mehr zum Transport von Kohle. Das Ruhrtal ist heute vor allem ein wichtiges Naherholungsgebiet. Die alten Treidelpfade, auf denen früher die Zugpferde liefen, die die Kohlenschiffe flussaufwärts schleppten, sind längst zu Radwegen ausgebaut und die Stauseen der Ruhr zu beliebten Wassergebieten geworden.
Aber es gibt auch noch die ruhigen Bereiche des Flusses, die von der Natur bestimmt werden – wie zum Beispiel die 35 Hektar große Ruhraue Syburg. Sie liegt unterhalb der Dortmunder Syburg auf Hagener Gebiet und wurde 2003

von der NRW-Stiftung zugunsten des Naturschutzes erworben. Seither betreut die Kreisgruppe Hagen des Bundes für Umwelt und Naturschutz Deutschland e. V. (BUND) dieses Areal und konnte mittlerweile große Fortschritte bei der Sicherung der weitläufigen Feuchtwiesen- und Gewässerbereiche verbuchen. Die Aue wird geprägt von Grünlandflächen, Feuchtwiesen, Nassbrachen, Stillgewässern sowie zwei Bächen. Hier konnten sich Eisvogel, Kreuzkröte, Ringelnatter und viele andere seltene und gefährdete Tier- und Pflanzenarten halten. Besucher lernen unter fachkundiger Führung die je nach Jahreszeit unterschiedliche Flora und Fauna in den Feuchtwiesen und Gewässern kennen und erleben so die für die Ruhraue typischen Lebensräume und ihre Nutzung durch Pflanze und Tier.

■ Die NRW-Stiftung erwarb eine der letzten noch verbliebenen naturnahen Auenlandschaften im Raum Hagen.

Winterimpression: der Westhofener Bach mit Kopfweiden.

14 HAUS BUSCH

Informationen
Biologischen Station
Umweltzentrum Hagen e.V.
Haus Busch
Haus Busch 2
58099 Hagen
Tel. 02331 / 83 88 8
www.biostation-hagen.de

Die NRW-Stiftung hat die Errichtung eines Lehrpfades über Vögel und Fledermäuse unterstützt.

Haus Busch in Hagen ist ein altes Herrenhaus der Adelsfamilie von Syberg zum Busch. Das einstige Rittergut war seit 1369 im Besitz der Familie von Syberg. Das Herrenhaus, das noch heute existiert, wurde um 1700 errichtet. Neben dem Journalisten-Zentrum der Gesellschaft für publizistische Bildungsarbeit ist hier seit 2008 die Biologische Station Hagen untergebracht.
Haus Busch liegt nahe der Lenne und ist von einem Park mit altem Baumbestand umgeben. Dort finden zahlreiche Tiere wie seltene Fledermäuse und Vogelarten ideale Lebensbedingungen. Sie haben sich in den Gebäuden des Zentrums und in seiner unmittelbaren Umgebung angesiedelt. Hier finden sie Rückzugsräume, um ihren Nachwuchs großzuziehen. Mit Unterstützung der NRW-Stiftung hat die Biologische Station einen Nisthilfe-Lehrpfad zu 23 heimischen Kleinvogelarten errichtet. Darüber hinaus informieren „Artensteckbriefe“ die Besucher über die Vogel-, Fledermaus- und Insektenarten, die ebenfalls auf dem Gelände vorkommen. Eine besondere Attraktion ist der Brutplatz eines Turmfalken am Haus, der per Nistkastenkamera beobachtet werden kann.

Der Nisthilfe-Lehrpfad der Biologischen Station informiert über heimische Tiere.

15 BERGBAUWANDERWEG „HERZKÄMPER MULDE“

Die Herzkämper Mulde ist eine Senke zwischen den Sprockhöveler Stadtteilen Gennebreck und Obersprockhövel. Das heute überwiegend landwirtschaftlich geprägte Gebiet zählt zu den ältesten Steinkohleabbaugebieten des Ruhrgebiets. Durch die Senke führt der Herzkämper-Mulde-Weg. Dieser 9,5 km lange Rundwanderweg im Gebiet von Gennebreck, Herzkamp und Obersprockhövel an der Grenze zu Wuppertal verbindet verschiedene bergbauhistorische Stätten aus der Frühzeit der Kohleförderung des Ruhrgebiets, wie die Überreste der Zechen Schelle und Haberbank und eines alten Hammerwerks. Teilweise folgt der Weg auch einer alten Kleinbahntrasse. Hier kann man sich auf eine Reise in die Frühzeit der Industrialisierung begeben, als die alten Zechen meist nur kleine Stollen hatten.
Mit jenen Großanlagen, die bald im Norden des Reviers entstehen würden, hatten diese urtümlichen Förderstätten keinerlei Ähnlichkeit. Bergbau war damals, vor der Ära der Großindustrie, eher ein Handwerk. Von den insgesamt 17 Stätten und Objekten, zu denen der Bergbauwanderweg führt, sind elf mit informativen Schautafeln versehen. So erreicht man mit dem Schacht Neu Herzkamp von 1714, der zur Zeche Stöckerdreckbank gehörte, den südlichsten Schacht des gesamten Ruhrgebiets. Und mit der Hausbandweberei Prange und der Brennerei Bräuckelchen führt der Weg vor, dass viele Bergmannsfamilien von der Kohle allein nicht leben konnten und sich Nebenerwerbsplätze schaffen mussten.

Informationen
www.berg-mark-wege.de/Herzkämper-Mulde-Weg

Die NRW-Stiftung hat die Erstellung des Bergbauwanderweges unterstützt.

Eines der Lichtlöcher des Herzkämper Erbstollens, die im Bergbau des 18. und 19. Jahrhundert zur Luftzufuhr und zum Abtransport der Steine genutzt wurden.

16 BERGBAUWANDERWEG „PLESSBACH“

Informationen
www.berg-mark-wege.de/Pleßbachweg

Die NRW-Stiftung hat die Erstellung des Bergbauwanderweges unterstützt.

Auch der Pleßbachweg führt Besucher zu alten Bergwerken, wie den Zechen Schelle und Haberbank. Hier auf dem Gebiet von Sprockhövel stand vor 400 Jahren die Wiege des Steinkohlebergbaus im Ruhrgebiet. Der Bach, nach dem der Bergbauwanderweg benannt ist, hat sich in einer geologischen Störung durch die Schichten seinen Weg zur Ruhr gesucht. Die in die weichen Tonschichten eingegrabenen Nebenbäche führen ihm Wasser zu.
Da der Bach die Kohleschichten durchschneidet, gab es an seinen Hängen bereits früh Grabungen nach Steinkohle, denn hier lag die Kohle so dicht unter der Erdoberfläche, dass sie an vielen Stellen direkt ans Tageslicht trat. Auch wenn die Kohle in dieser frühen Phase nur in verhältnismäßig geringem Umfang und mit bescheidenen Mitteln gefördert wurde, so kamen doch bereits einfache Maschinen zum Einsatz, die in der Zeit vor der Erfindung der Dampfmaschine durch Wasserkraft angetrieben wurden. Dieses Wasser lieferte der Pleßbach, und so ist er eng mit der Geschichte der Kohlegewinnung verbunden.
Die Nähe zum Wasser, die alten Schächte und die schöne Landschaft machen den Pleßbachweg zu einem der schönsten Bergbauwanderwege im Ruhrgebiet.

An den Wurzeln des Bergbaus.

Das idyllische Tal der Ennepe.

17 BIOLOGISCHE STATION IM ENNEPE-RUHR-KREIS

Im Süden grenzt das Ruhrgebiet an das Bergische-Märkische Hügelland. Der Fluss, der die Landschaft prägt, ist die Ennepe, auch sie eine der Wiegen der Ruhrgebietsindustrie. Bevor die Dampfmaschinen zu den Motoren der Industrialisierung wurden, war das aufgestaute Wasser der Ennepe für viele Betriebe eine Kraftquelle für Maschinen. Noch immer liegen zahlreiche mittelständische Unternehmen an ihren Ufern, auch wenn der Fluss als Energiequelle längst keine Bedeutung mehr hat.

Das Umfeld der Ennepe ist eine spannende Natur- und Kulturlandschaft. Sie zu erhalten und über sie zu informieren ist die Aufgabe der Biologischen Station im Ennepe-Ruhr-Kreis e.V. Die 29 Naturschutzgebiete im Kreis, darunter die Naturschutzgrundstücke der NRW-Stiftung, werden von der Station aus betreut. Hier können Bauern und Förster fachkundigen Rat einholen, wie sich Naturschutz und wirtschaftliche Nutzung am besten in Einklang bringen lassen. Eine weitere wichtige Aufgabe der Station besteht darin, den Menschen die vielfältige Natur der Region näherzubringen, zum Beispiel auf Exkursionen. Während der Exkursion nehmen Kleingruppen Proben, die anschließend im hervorragend ausgestatteten Schülerlabor untersucht werden können.

Informationen
Biologische Station
im Ennepe-Ruhr-Kreis e.V.
Loher Str. 85
58256 Ennepetal
Tel. 02333 / 60 35-41
www.biologische-station.de

Kinder
- Exkursionen

Mit Mitteln der NRW-Stiftung konnte der Umweltbildungsraum eingerichtet werden.

Ins Tal der Ennepe zurückkehrt: Schwarzstörche.

Landschaftsimpression
im Tal der Ennepe.

18 MARTFELDER GRABKAPELLE

Informationen
Martfelder Grabkapelle
Martfeld 1
58332 Schwelm
www.vfh-schwelm.de

Mit Unterstützung der NRW-Stiftung konnte die Martfelder Grabkapelle restauriert werden.

Das Haus Martfeld wurde zu Beginn des 14. Jahrhunderts als Wasserburg errichtet und gehörte zu einem Netz aus Stützpunkten, das die Besitzungen der Kölner Erzbischöfe zwischen Ruhr und Wupper schützen sollte. 1860 ließ Freifrau Friederike von Elverfeldt als Besitzerin die Martfelder Grabkapelle aus massivem Mauerwerk errichten. Seit den 1950er Jahren dem Verfall preisgegeben, wurde das Gebäude durch zahlreiche Bausünden verschandelt und bot schließlich einen traurigen Anblick. Das war auch deshalb sehr bedauerlich, weil der Bauherr der neugotischen Kapelle kein geringerer war als der Diözesanbaumeister Vincenz Statz, einer der bedeutendsten Neugotiker im Rheinland.

Wegen der Finanznöte der Stadt war das kleine, schlichte und unter Denkmalschutz stehende Gebäude fast völlig in Vergessenheit geraten. Drei Heimatvereine, der Schwelmer Verschönerungsverein, der Verein für Heimatkunde und die Arbeitsgemeinschaft Umweltschutz, setzten sich schließlich dafür ein, dass die Kapelle in den Besitz des Verschönerungsvereins Schwelm überging. Im Rahmen einer Privatinitiative nahm der Verein dann die Restaurierung der Kapelle in Angriff.

Historischer Grabstein.

Über das Ziel dieser Initiative waren sich alle einig: Die Kapelle sollte keine restaurierte Ruine werden, sondern ein mit Leben erfülltes Denkmal: als Veranstaltungsraum für Lesungen, Konzerte und kleine Ausstellungen. Ein Restaurator aus Münster begutachtete das arg in Mitleidenschaft gezogene Gemäuer und unterbreitete Vorschläge zu seiner Rettung.

Zwei Jahre lang dauerten die Restaurierungsarbeiten. Eine Zwischendecke wurde entfernt und die ältesten Putzschichten wurden freigelegt. Die Wiederherstellung der ursprünglichen Farbgebung war eines der Hauptanliegen der Initiative. Viel künstlerisches Geschick erforderte auch die Restaurierung von Teilen der Kreuzrippen und der Schluss- und Kämpfersteine des Gewölbes.

Bild rechte Seite: Martfelder Grabkapelle.

Blick in die Dauerausstellung.

Diese versteinerte Schnecke („Strothia schwelmensis") gehört zur Fossilienausstellung in der Kapelle.

Bild rechte Seite:
Das Gemälde „Lots Flucht aus Sodom" des Barockmalers Damelet ist dauerhaft in der Kapelle ausgestellt.

Die äußeren Wände wurden neu gefugt und gereinigt, eine neue Tür und neue Fenster wurden ebenfalls eingesetzt, und schließlich war das kleine Andachtsgebäude zu einer Schönheit wiedererweckt worden, die ihm niemand mehr zugetraut hätte.

Aber nicht nur architektonisch ist die Kapelle sehenswert, sondern auch vom kulturellen und geologischen Standpunkt her. Im Inneren ist das Gemälde „Lots Flucht aus Sodom" des Münsteraner Barockmalers Johann Henrich Damelet ausgestellt, das einst unter einem Haufen Kohle in einem Schwelmer Keller entdeckt wurde. Und der hintere Teil der Kapelle beherbergt eine Dauerausstellung von Fossilien, die in Schwelm gefunden wurden. Die Stücke stammen aus dem mitteldevonischen Massenkalk (Schwelmer Kalk) und wurden Anfang des 20. Jahrhunderts von dem Schwelmer Lehrer Ernst Zimmermann größtenteils auf Abraumhalden des ehemaligen Schwelmer Erzbergbaus, den „Roten Bergen", gesammelt.

BILDNACHWEIS

- Archiv NRW-Stiftung 6 r., 20, 34
- Bergbaumuseum Ibbenbüren 80 o.
- Allgemeiner Knappenverein Glück Auf – Hamm-Nordenfeldmark Heessen 146
- Anacker, Guido 100
- Bayer, Stefan 5 r.
- Bielefeld, Jörge 156-158
- Biologische Station im Ennepe-Ruhr-Kreis 177-179
- Biologische Station Östliches Ruhrgebiet 101-103
- Biologische Station UMWELTZENTRUM Hagen e.V. 172/173
- Biologische Station Westliches Ruhrgebiet 28, 29, 30
- Brock, Henryk 151
- Gustav-Lübcke-Museum 145
- Hegert, Bernd 5 l., 7 r., 23, 40, 46-49, 66-68, 83, 111, 125, 136-142, 147, 149, 163, 174-176, 180, 182 o., 183
- Janfeld, Thorsten 76
- Koch, Lutz 181, 182 u.
- Langemeier, Lars 60-62, 64, 65, 94-97, 107-110, 133, 159-162, 164-167
- Lehmann, Klaus Michael 99
- LOKOMOTIV Essen 70, 71
- LVR-Industriemuseum Zinkfabrik Altenberg/Werner Stapelfeld 43-45
- Menke, Martin (Trägerverein Alte Dreherei) 26, 27
- Mühlenverein Lohmühle e. V. 22
- Neubauer, Stefan 57
- Schernstein, Walter 24/25, 35
- Schmitz, Renate 69, 117
- Stadt Dortmund, Pressestelle 118/119
- Stapelfeldt, Werner 7 l., 36-39, 50, 51, 74, 75, 77-82, 87-89, 104-106, 121-124, 126, 127, 130, 131, 150, 152-155, 168-171
- Verein der Freunde und Förderer des Klosters Saarn 31, 32/33
- wbp Landschaftsarchitekten, Stadtbildstelle Essen 63
- Westfälische Almetalbahn e.V. 128, 129
- Westfälische Freilichtspiele e.V. 143, 144
- Willemsen, Thomas 14-16
- Ziese, Stefan 6 l., 11-13, 18, 19, 21, 39, 40, 53-55, 58, 59, 72, 73, 84, 85, 91-93, 113-115, 134, 135